Für Mia Josephine

Zur Autorin

Ulrike (Kiki) Johnson wurde 1989 in Mühldorf a. Inn (Oberbayern) in eine Musiker- und Gastronomenfamilie geboren. Ihre Leidenschaft galt neben dem Musizieren und dem Erlernen von Fremdsprachen schon seit Kindesbeinen dem Kochen und Backen. Ihren erfolgreichen bilingualen Food-Blog „Cinnamon & Coriander" startete sie noch während ihres Studiums. Nach dem Abschluss ihres Staatsexamens an der Universität Passau, zahlreichen Reisen ins Ausland und Besuchen von anerkannten Kochschulen wanderte sie mit ihrem Mann nach Kanada aus wo sie ihre Leidenschaft zum Beruf machte, und heute erfolgreich als Rezeptentwicklerin und Food-Fotografin tätig ist. Ihr Portfolio umfasst Rezeptentwicklungen für Unternehmen, erfolgreiche Kochbücher, renommierte Onlinemagazine und zahlreiche andere Publikationen. Mit ihrem Mann hat sie ganz Kanada bereist und pendelt nun zwischen den Provinzen Alberta, Saskatchewan und British Columbia. Ihre in jahrelanger Arbeit gesammelten Lieblingsrezepte der kanadischen Küche teilt sie in ihrem Erstlingswerk „Unterm Ahornbaum" und bringt so als erste deutsch-kanadische Food-Bloggerin die vielseitige Küche Kanadas der deutschen Foodie-Szene näher.

Unterm Ahornbaum

durchs Jahr mit den besten Rezepten der kanadischen Küche

Kiki Johnson

Copyright© 2018 Ulrike (Kiki) Johnson
für die Food-Fotografien © Ulrike (Kiki) Johnson
Umschlaggestaltung, Illustration: Ulrike (Kiki)Johnson
Lektorat, Korrektorat: Paula Matos

Verlag: Blurb

Das Werk, einschließlich seiner Teile, ist urheberrechtlich geschützt. Jede Verwertung ist ohne Zustimmung des Verlages und des Autors unzulässig. Dies gilt insbesondere für die elektronische oder sonstige Vervielfältigung, Übersetzung, Verbreitung und öffentliche Zugänglichmachung.
Bibliografische Information der Deutschen Nationalbibliothek: Die Deutsche Nationalbibliothek verzeichnet diese Publikation in der Deutschen Nationalbibliografie; detaillierte bibliografische Daten sind im Internet über http://dnb.d-nb.de abrufbar.

Inhalt

Vorwort der Autorin .... S 8

Einleitung .... S 10

Die wichtigsten Zutaten der kanadischen Küche .... S 14

Kochtechnische Vorbemerkungen .... S 19

Frühling .... S 20

Sommer .... S 50

Herbst .... S 80

Winter .... S 108

Rezeptverzeichnis .... S 138

Vorwort der Autorin

„Was isst man denn so in Kanada?" Eine Frage, die mir schon vor meiner Auswanderung ins Land der Seen und Berge ständig gestellt wurde. Bis ich erstmals kanadischen Boden betrat, hatte ich ehrlich gesagt sehr wenig Vorstellung von der kanadischen Küche - außer dass man wohl recht verschwenderisch mit Ahornsirup umgeht und dass dort Pommes mit Bratensoße und Käse gegessen werden! Viele Kanadier scheinen in der Tat selbst Schwierigkeiten zu haben, eine eindeutige Beschreibung ihrer Landesküche zu finden. Dies ist auch ein komplexes Unterfangen. Zum einen befruchten sich im Einwanderungsland Kanada seit Jahrzehnten die Kochkünste verschiedener Kulturen gegenseitig, zum anderen setzt jede der 13 Provinzen und Territorien andere Akzente. Die kanadische Küche mittels einer Handvoll Nationalgerichten zu definieren würde der reichen Vielfalt an Zutaten und aufeinandertreffenden Kulturen auch nicht Rechnung tragen. Zweifelsohne hat sich trotz des Nebeneinanders von indianischen, europäischen und asiatischen Einflüssen doch etwas herausgebildet, das man als die kanadische Küche bezeichnen kann. Manchmal mit noch klar erkennbaren Spuren der Kochkunst der „alten Welt", doch immer öfter auch einfach ursprünglich kanadisch.

In den letzten Jahren wurde in der Gastronomie-Szene dieses jungen Landes darauf hingearbeitet, ein Bewusstsein für die eindeutig kanadische kulinarische Identität zu schaffen, und mittlerweile hat die regionale, saisonale Küche auf den Speisekarten ihren festen Platz gefunden. Was ich selbst bei meiner Ankunft vorfand, war eine lebendige, facettenreiche Küche, die - basierend auf der Qualität der kanadischen Produkte - so herzerwärmend bodenständig und dennoch findig und raffiniert ist wie die Landesbewohner selbst. Diese wohlschmeckende und der Masse weitgehend noch unbekannte kanadische Kost meinen deutschen Lesern näherzubringen ist das Anliegen dieses Kochbuches!

In den letzten drei Jahren reiste ich durchs ganze Land, lebte sowohl in kleinen Präriedörfern als auch in großen Metropolen und habe auf meiner Reise in alle Töpfe geschaut und Rezepte gesammelt! Das Resultat ist eine Zusammenstellung der besten Rezepte aus allen Teilen Kanadas - von traditionellen Gerichten der Ureinwohner über die bodenständige Küche der Prärieprovinzen bis hin zur modernen Bistro-Cuisine der Metropolen Vancouver und Toronto. Geordnet sind die Rezepte nicht nach Gang, sondern nach Jahreszeiten! Dies bietet sich an, denn das saisonale Angebot an Obst und Gemüse stimmt weitgehend mit dem Deutschlands überein. Alle Rezepte sind an die Produktpalette Deutschlands und Österreichs angepasst, sodass alle Gerichte ganz einfach zu Hause nachgekocht werden können. Kommen Sie mit auf die Reise und lassen Sie sich von mir mit authentischer kanadischer Hausmannskost durchs Jahr führen!

Einführung in die kanadische Küche

Kanada – Kaleidoskop der Kulturen!

Kanada, Land der eisblauen Seen, der tiefen Wälder und der gewaltigen Berge! Es erscheint nur folgerichtig, dass ein so facettenreiches Land auch eine abwechslungsreiche Küche zu bieten hat! Als klassisches Einwanderungsland existieren in Kanadas Küche in der Tat zahlreiche Kulturen einträchtig nebeneinander. Sie ist eine Symbiose aus den Küchen der indigenen Völker Nordamerikas und der Kochtraditionen der Emigranten aus Europa und Asien. Die ersten europäischen Siedler aus England und Frankreich brachten ihre heimischen Spezialitäten mit in die neue Welt, wo sie über die Jahre abgewandelt und der dortigen Lebensmittellage angepasst wurden. Getreide-, Gemüse- und Obstsorten wurden ausgetauscht, Zucker wurde durch Ahornsirup ersetzt. Die späteren Einwanderer, die vor allem aus Deutschland, Irland, Italien und Osteuropa kamen, taten es den Erstbesiedlern gleich. Aus dem englischen *steamed fruit pudding* wurde *blueberry grunt*, aus den deutschen Spritzkuchen wurden *crullers*. Heute kommen die meisten Zuwanderer aus dem asiatischen Raum, sodass ein Streifzug durch die Kulinarik Kanadas mittlerweile einer kleinen Weltreise gleichkommt!

Spezialitäten der kanadischen Küche haben ihren Ursprung in der reichen Natur Kanadas.

Auf den ersten Blick könnte man nun meinen, dass es sich bei Kanada um einen Fall der „Küche der Küchen" handelt, einer Art „Multi-Kulti-Buffet" - doch das käme einer groben Vereinfachung gleich. Die Küche Kanadas ist neben ihrer breiten ethnischen Palette vor allem auch von der landschaftlichen Vielfalt geprägt und schöpft das volle Genusspotenzial vor der eigenen Haustür aus. Kanada beheimatet über 160 Fisch- und Schalentierarten. Außerdem bieten die weiten kanadischen Wälder vor allem viel Wild wie Rehe, Karibus, Elche und Bären, dazu Beeren wie Blaubeeren und Cranberries sowie verschiedene Pilzarten. Der kanadische Ahornbaum liefert nicht nur das Nationalsymbol, sondern auch den Exportschlager *Maple Syrup* (Ahornsirup), dessen nussige Süße für herzhafte Gerichte und Nachspeisen genutzt wird.

Kanada ist weltweit führend im Export von Blaubeeren, Schweinefleisch, Weizen, Senf und Hülsenfrüchten. Die Zeiten von Steak und Kartoffeln sind zweifelsohne vorbei und Kanada konnte sich schon lange vom Ruf des kulinarischen Niemandslandes befreien. Seit den 1990er-Jahren arbeiten Gastronomen und Köche landesweit nun verstärkt an einer neuen kulinarischen Identität.

Die Küche Kanadas variiert von Küste zu Küste, von Region zu Region.

Als roter Faden zieht sich die Liebe zu rustikalen, einfachen Mahlzeiten durch die Küche aller Provinzen. Fangfrischer Fisch und Muscheln sind die Spezialität der Atlantik-Provinzen Neufundland und Labrador, Prince Edward Island, New Brunswick und Nova Scotia. Der Hummer aus dem kalten Atlantik gilt unter Feinschmeckern sogar als der beste der Welt. Während Hummer in Deutschland als Delikatesse gilt und dementsprechend teuer ist, ist dieser dort eher ein Grundnahrungsmittel und wird besonders gerne mit typischen Fast-Food-Gerichten kombiniert. Es gibt Hummer-Burger, Hummer-Enchiladas, Hummer-Pfannkuchen und natürlich auch den beliebten Nudelauflauf *Macaroni & Cheese* mit Hummerfleisch.

Die Provinz Québec wird oft als der kulinarische Nabel Kanadas bezeichnet. Hier macht sich der Einfluss der traditionell eher rustikalen französischen Küche noch stark bemerkbar. Viele der bekanntesten und beliebtesten Rezepte dieser Provinz, wie die Gelbe Erbsensuppe (S. 90) oder Poutine (S. 121), haben ihren Ursprung in einfachen Grundnahrungsmitteln, die das Überleben der Einheimischen, Pioniere und Siedler unter den harschen klimatischen Bedingungen sicherten. Im Laufe der Jahrhunderte haben sich aus diesen einfachen Rezepten gutbürgerliche Klassiker entwickelt, die besonders gut für die kalte Jahreszeit passen. Auch das Gebäck dieser Provinz, wie etwa die *Crullers* (S. 105) oder die berühmten *Montreal Bagels* (S. 118), gilt als das beste Kanadas und wird international hochgelobt.

In Ontario liefert die von mildem Klima gesegnete Niagara-Halbinsel frisches Gemüse, Wein und ausgezeichnetes Obst. Wie auch in den Atlantik-Provinzen wird hier „im Land der 1000 Seen" äußerst gerne Fisch gegessen, wenn auch der Fischbestand durch die Verschmutzung der Great Lakes immer mehr zurückgeht. In den Seen Ontarios reift auch der kanadische Wildreis heran, welcher eine beliebte Beilage oder auch Basis vieler Hauptgerichte ist.

In den Prärie-Provinzen Alberta, Saskatchewan und Manitoba, die auch als der Brotkorb Kanadas bezeichnet werden, dominiert die bodenständige und deftige Küche. Rindfleisch aus Alberta genießt den Ruf, zu den besten der Welt zu gehören

Westlich der Rocky Mountains, im Herzen der Provinz British Columbia, liegt das warme Okanagan-Tal. In diesem „Napa des Nordens" werden nicht nur Weltklasse-Weine produziert, dort wird auch mehr Obst angebaut als irgendwo sonst im Lande. An der Westküste locken wieder Meeresfrüchte - Krabben, Heilbutt und Lachs.

Die nördlichen Regionen Yukon, Northwest Territories und Nunavut sind hauptsächlich von den Küchen der eingeborenen Indianer und der Inuit geprägt. Die Rezepte der Ureinwohner in Deutschland nachzukochen scheitert oft an der Verfügbarkeit bestimmter Zutaten, vor allem was Fleisch betrifft. Meine von der Küche der „First Nations" inspirierten Rezepte, wie der Ojibwa Reispudding (S. 102) und der gefüllte Eichelkürbis (S. 100), sind deshalb vegetarisch.

Oh, sweet Canada!

In Kanada isst man gerne süß – und das so richtig! Gerne beginnt man den Tag mit einem Stapel Pancakes mit Ahorn- oder Blaubeersirup (S. 22). Beliebte Nachspeisen sind Pies aller Art wie Pumpkin Pie, Flapper Pie oder Tarte au Sucre. Einen besonderen Platz nehmen im kanadischen Naschkatzen-Herz die aus Ontario stammenden Butter Tarts (S. 134) ein. Jede Familie hat ihr eigenes Rezept für die kleinen Kalorienbomben und über die Frage, ob diese mit oder ohne Rosinen daherkommen sollten, erhitzen sich schnell die Gemüter.

Eine Spezialität aus British Columbia sind die Nanaimo Bars. Der Boden besteht aus gemahlenen Keksen, Kakao, Nüssen und Kokos. Darauf kommt eine Schicht Vanillepudding, und zuoberst ein Guss aus dunkler Schokolade. Diesen Klassiker aus den 50er-Jahren findet man in jeder kanadischen Bäckerei und in jedem Coffee Shop. Ein weiterer Liebling kanadischer Süßschnäbel ist der Biberschwanz (*Beaver Tail*), eine Art Doughnut in Form des Schwanzes eines Bibers. Verspeist wird der National-Doughnut entweder mit Toppings oder mit Zimt und Zucker bestreut. In diesem Buch teile ich mit Ihnen meine erprobten Familienrezepte – manchmal ganz klassisch, doch oft auch in einer modernen Variante. Die Zuckertoleranz der Kanadier ist unglaublich hoch. Meine Rezepte sind da eher dem deutschen Gaumen angepasst, also keine Sorge!

Die wichtigsten Zutaten der kanadischen Küche

Ahornsirup

Das „sugaring off", also das Einkochen des Ahornsaftes, ist in Zentral- und Ostkanada ein alljährliches Frühlingsritual. Wenn gegen Ende des Winters auf kalte Nächte erste sonnige Tage folgen, beginnt in den kanadischen Zuckerahornbäumen der süße Saft aufzusteigen. Die Ureinwohner Nordamerikas haben als Erste den goldenen Schatz der Wälder entdeckt. Sie hackten Einkerbungen in die Bäume und fingen den klaren Saft in Eimern aus Birkenrinde auf. Die süße Flüssigkeit wurde getrunken, aber auch zum Kochen verwendet. Ihre Entdeckung gaben sie an die frühen Siedler und Pelzhändler weiter, die mithilfe von Pferden den Saft in Kübeln sammelten und ihn dann stundenlang über Feuerstellen einkochten. Die Herstellung erfolgt heutzutage effizienter. Eines jedoch hat sich nicht geändert: Kanadas saubere, naturbelassene Umwelt hat weiterhin einen nachhaltigen Einfluss auf das Endprodukt, wo sich Unterschiede in der Bodenbeschaffenheit und Klimaschwankungen in Geschmack und Farbe des Sirups niederschlagen. Ahornsirup ist in der Küche vielseitig einsetzbar und findet auch in herzhaften Gerichten Anwendung.

Blaubeeren

In Kanada werden mehr wilde Heidelbeeren geerntet als in jedem anderen Land. Diese kleinen blauen Früchte wurden seit jeher geschätzt und waren jahrhundertelang bei den Ureinwohnern Kanadas besonders beliebt. Lange vor der Ankunft der Europäer wussten diese bereits, wie die Wildfrüchte als Nahrung für den Winter geräuchert oder mit Honig und Maismehl für die Zubereitung von Blaubeerpudding vermischt werden mussten. Zudem verwendeten sie Blaubeersirup als Medizin gegen Husten. Heutzutage gibt es sowohl wildwachsende als auch angebaute kanadische Blaubeeren – keine andere kanadische Frucht besitzt diese einzigartige Eigenschaft.

Cranberries

Cranberries gehören, wie auch die Preiselbeere, zu den Heidekrautgewächsen. Anders als die erbsengroßen Preiselbeeren wächst die kirschgroße Cranberry nicht an Sträuchern, sondern rankt über den Boden. Die Ureinwohner Kanadas aßen die herben Beeren entweder frisch oder zerstampften sie zusammen mit Fleisch zu dem getrockneten Grundnahrungsmittel „Pemmican". Cranberries fanden, wie auch die Blaubeere, Anwendung als Heilmittel oder beim Färben von Stoffen. In Deutschland bekommt man die kanadischen Beeren getrocknet, im Herbst und Winter auch oft frisch.

Die roten Kraftpakete sind reich an Antioxidantien und werden in der kanadischen Küche für süße und herzhafte Gerichte verwendet. Getrocknete und gesüßte Cranberries sind eine beliebte Zutat in zahlreichen Backwaren. Die frischen Beeren werden gerne zu fruchtigen Soßen verarbeitet, welche wunderbar zu Fleischgerichten passen.

Eiswein

Obwohl die Produktion von Eiswein hier erst 1975 begann, ist Kanada heute der größte Erzeuger dieser exklusiven Rarität. Icewine wird aus Trauben hergestellt, die bis tief in den frostigen kanadischen Winter an den Reben hängen gelassen werden. Die Kälte und die trockene Luft entziehen den Beeren ihr Wasser, wodurch sich die Zucker- und Säurekonzentration in den Früchten erhöht. Kanadas Eisweine werden auf natürliche Weise gekeltert – ohne Einsatz von künstlicher Kälte. Die Trauben werden ausschließlich per Handlese geerntet. In gefrorenem Zustand werden sie gepresst, wobei aus jeder Traube nur wenige Tropfen gewonnen werden.
Der Saft darf dann mehrere Monate langsam fermentieren, bis die Gärung von selbst aufhört. Geschmacklich ist er intensiv süß und hat ein fruchtiges Aroma, welches an tropische Früchte, Pfirsiche und Mango erinnert. Gekühlt serviert, aber nicht kalt, schmeckt er ausgezeichnet, ob man ihn nun pur genießt oder in ein Dessert einbindet.

Fisch und Meeresfrüchte

Dank der Küstenlinien zu beiden Seiten des Landes sowie Tausenden von Flüssen und Seen ist Kanada ein wahres Paradies für Angler und Liebhaber von Fisch oder Meeresfrüchten. Wie auch in Deutschland, zählt der Lachs hier zu den beliebtesten Fischarten. Diese imposanten Fische sind das Rückgrat vieler Ortschaften der kanadischen Pazifik- und Atlantikküste, doch von besonders großer Bedeutung ist der Lachs für die Ureinwohner Kanadas, die ihn schon seit jeher als Symbol für Fruchtbarkeit, Nahrung und den Lebenszyklus sehen. Jahrhundertelang gingen die Ureinwohner mit Speeren, Netzen, Angelhaken und Fischfallen auf Lachsfang, wenn die Fische jedes Jahr zum Ablaichen in ihre heimatlichen Flüsse zurückkehrten. Geräuchert und getrocknet diente die Ausbeute den Ureinwohnern den langen, harten kanadischen Winter hindurch als Nahrung. Heutzutage ist kanadischer Lachs als Zuchtlachs und Wildlachs erhältlich. Der Großteil der Lachse stammt aus Aquakulturen in den Provinzen British Columbia und New Brunswick. Kanadas Lachsarten umfassen Chinook (King), Coho, Sockeye, Chum und Pink Salmon. Der Chinook (auch Königslachs genannt) ist der größte Lachs, während der Pink Salmon die kleinste Lachsart in den Gewässern von British Columbia darstellt.

Leindotteröl (Camelina Oil)

Ein weiterer Exportschlager aus Saskatchewan, der auch in Deutschland erhältlich ist. Das Leindotteröl (Camelina Oil) wird gelegentlich mit dem Leinöl verwechselt, obwohl es sich bei beiden Produkten um die Öle ganz verschiedener Pflanzen handelt. Leindotter gehört, wie Senf oder Kohl, zu den Kreuzblütengewächsen. Typisch für das Öl der Leindottersamen ist sein milder, erbsiger Geschmack. Leindotteröl ist besonders reich an Omega-3-Fettsäuren und Vitamin E. Es ist nur für die kalte Küche geeignet und sollte nach dem Öffnen im Kühlschrank gelagert werden.

Linsen und Erbsen

Kanada exportiert mehr Linsen und Erbsen als jedes andere Land der Erde. Die Hülsenfrüchte sind perfekt an Kanadas kühles nördliches Klima angepasst, dessen extremer Jahreszeitenwechsel darüber hinaus Schutz gegen Pflanzenkrankheiten und Schädlinge gewährt. Die Provinz Saskatchewan bietet besonders ideale Voraussetzungen für den Anbau. Hier findet man nicht nur fruchtbare Böden bis in die Tiefe – die Prärie-Provinz ist auch einer der flachsten Orte der Welt. Ein alter Witz kursiert hier, dass man seinen Hund drei Tage lang weglaufen sehen kann, bis er schließlich am Horizont verschwindet. In der Tat hat allein diese Provinz Kanada zu einem der größten Linsenanbauer der Welt gemacht.

Rindfleisch & Co

Die Rinderzucht hat eine lange Tradition in Kanada. Im Osten des Landes findet man noch immer Scheunen aus handbehauenen Baumstämmen, die Pioniere vor fast 200 Jahren errichtet haben, und viele Familien züchten ihr Vieh bereits seit über fünf Generationen auf demselben Stück Land. Die Hochburg der Rinderzucht erstreckt sich von der Prärie Albertas bis hin zu den Ausläufern der Rocky Mountains. Diese weite Landschaft lässt Bilder des Wilden Westens samt Cowboys und Viehtrieben wiederaufleben. Seit über einem Jahrhundert weiden Zehntausende von Rindern auf diesem hügeligen Grasland. Kanadier essen relativ viel Fleisch, vor allem das Steak ist sehr beliebt. Neben den üblichen Fleischarten vom Rind, Schwein und Wild werden in Kanada auch Steaks von Karibus, Bisons und Elchen gegessen. Dabei wird beispielsweise nicht nur Bison-Filet oder -Steak angeboten, sondern auch schon mal die kanadische Variante der Soße Bolognese, die in diesem Fall aus Bisonfleisch hergestellt wird. Die Wildtiere werden allerdings extra für die Küche gezüchtet – das Jagen von Wildtieren ist streng geregelt. In abgelegenen Gegenden im Norden steht schon mal auch Biber oder Bär auf der Speisekarte. Dabei sollten Touristen allerdings vorsichtig sein – sie können Krankheitserreger enthalten.

Senf

Anbau und Verzehr von Senf hat in Kanada eine über 300-jährige Tradition. Schon in den 1670er-Jahren pflanzten Pelzhändler in den abgelegenen nördlichen Festungen der Hudson's Bay Company in ihren Gärten Senfsamen aus England an. Die pikanten Keimlinge verzehrten sie zur Vorbeugung gegen Skorbut. Zwei Jahrhunderte später trugen die Siedler auf ihrem Weg gen Westen Senf als wichtigen Bestandteil ihrer Nahrungsmittel- und Heilmittelvorräte
mit sich. Kanada gilt derzeit als der größte Exporteur und zweitgrößte Produzent von gelber und auch brauner Senfsaat, welche für die Herstellung von Dijon-Senf verwendet wird.

Wildreis

Wildreis, der im Grunde gar keine Reissorte, sondern ein Wassergras ist, zählt seit Jahrtausenden zu den wichtigsten Nahrungsmitteln der kanadischen Ureinwohner. Diese verehren den Wildreis seit jeher als „Leckerbissen, den der große Geist uns gab". Jeden Herbst fuhren die Frauen der Ureinwohner in Kanus durch die Reisbestände und ernteten die Körner in mühsamer Handarbeit. Ein Großteil der Ernte wurde getrocknet und diente dann als Nahrung während des harten Winters, wenn tiefer Schnee Jagen und Fischfang erschwerte. Heutzutage erfolgt die Ernte des kanadischen Wildreises mit motorisierten Booten. Früher war es nur in den Provinzen Alberta, Manitoba, Ontario und Saskatchewan beheimatet, wo man den Reis auch heute noch auf traditionelle Weise erntet. Die steigende Nachfrage auf dem Weltmarkt hat aber dazu geführt, dass Wildreis auch in anderen Regionen Kanadas und vor allem in den USA gezielt in großen Gewässern kultiviert wird. In der kanadischen Küche findet sich das vitaminreiche Korn mit seinem nussigen und leicht rauchigen Geschmack als Beilage zu Hühnchen, Ente und Wild. Gerne wird es auch in Salaten, Suppen und Füllungen eingesetzt. Am stärksten vertreten ist der Wildreis in der traditionellen Küche der Ureinwohner.

Kochtechnische Vorbemerkungen

Ahornsirup : Ich verwende für meine Rezepte am liebsten die dunklen, geschmacksintensiven Qualitätsgrade C (Amber) oder D (Dark). Man erkennt den hochwertigen Ahornsirup aus Kanada und dem Merkmal „Canada Nr. 1". Die Bezeichnung ‚Ahornsirup' ist in Deutschland nicht geschützt, sodass man bei besonders günstigen Produkten durch einen Blick auf die Zutatenliste sicherstellen sollte, dass es sich nicht um einen gepanschten Sirup mit Zuckerrübensirup und allerlei Zusätzen handelt.

Backofentemperatur : Ich habe alle Rezepte bei Ober-/Unterhitze getestet. Bei Umluft muss die Temperatur um 20 Grad reduziert werden. Um die exakte Temperatur des eigenen Ofens festzustellen, empfehle ich den Einsatz eines Ofenthermometers.

Butter: Sofern nicht anders angegeben, ist ungesalzene Butter gemeint.

Eier: Die Größe der Eier ist L. Zum Backen immer zimmerwarme Eier verwenden.

Kräuter und Gewürze: Alle in den Zutatenlisten genannten Kräuter und Gewürze werden, wenn nicht anders vermerkt, getrocknet und gemahlen verwendet. Wenn ich von einem Bund Kräutern spreche, können Sie nach Belieben verwenden, was Sie auf dem Markt oder im Supermarkt finden. Im Durchschnitt wiegt ein Bund Kräuter etwa 50 bis 60 g, doch hier muss nicht grammgenau gearbeitet werden.

Kürbispüree: Hier kann Kürbispüree aus der Dose verwendet werden oder man macht es einfach selbst. Ich empfehle hier stärkehaltige Sorten wie Hokkaido oder Kabocha. Den Kürbis waschen, entkernen, würfeln und in wenig Wasser bei mittelhoher Hitze im Topf garen oder in der Mikrowelle in einer geeigneten, verschließbaren Form weichkochen. Kürbis pürieren und Püree abkühlen lassen. Bei den genannten Sorten muss der Kürbis nicht geschält werden.

Löffelmasse: Die Mengenangabe EL entspricht 15 ml, ein TL hat 5 ml.

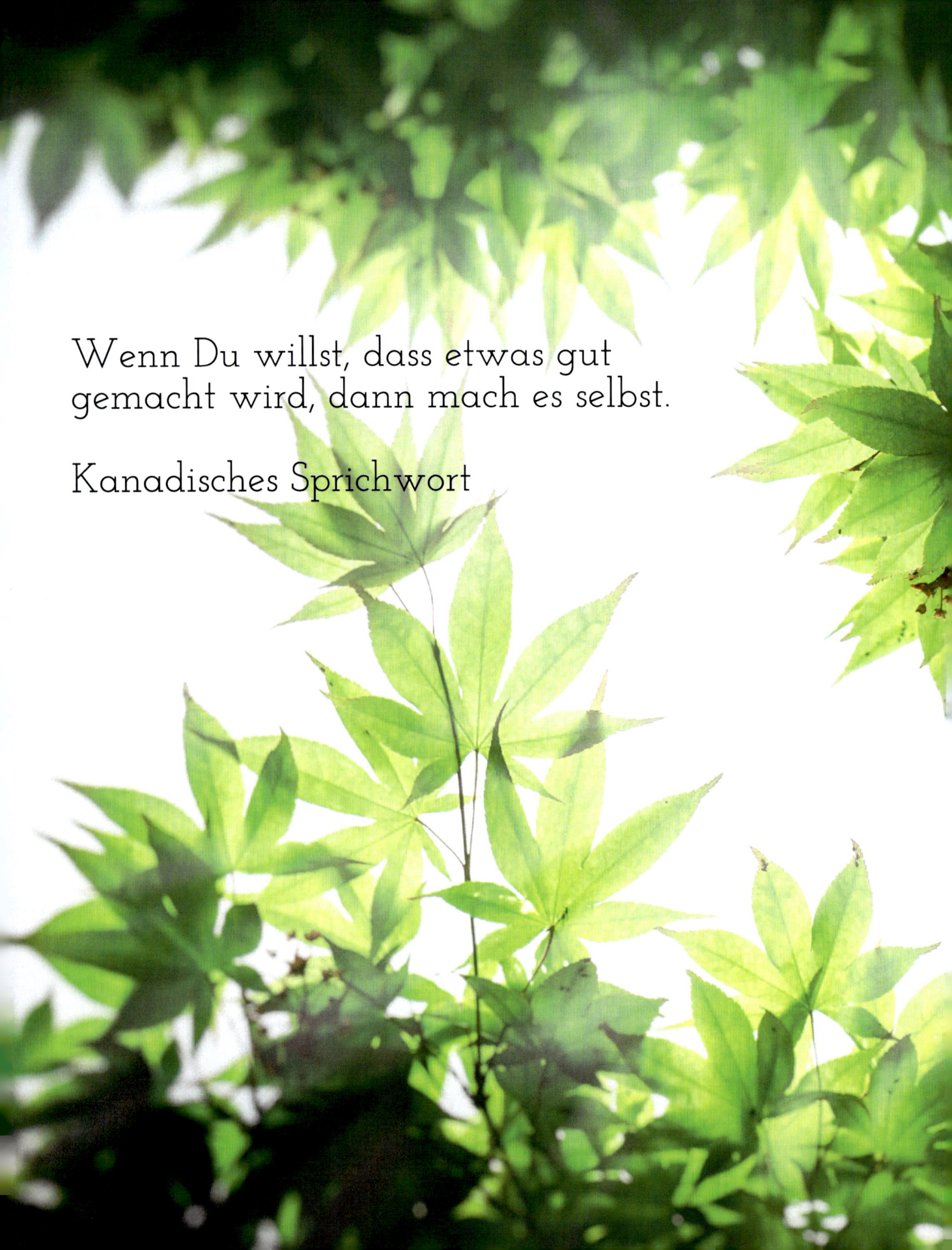

Wenn Du willst, dass etwas gut gemacht wird, dann mach es selbst.

Kanadisches Sprichwort

Frühling

Lemon Cloud Pancakes mit Blaubeersirup

Kanadisch in den Tag starten - das geht am besten mit einem Stapel frischgebackener Pancakes mit Sirup! Mit Problemen bei der Portionsbewältigung sollte bei diesen fluffigen Zitronen-Wölkchen nicht zu rechnen sein! Das Geheimnis meiner Lemon Cloud Pancakes ist die Mischung aus Buttermilch und halbsteif geschlagenem Eischnee. Selbstgemachter Zitronenzucker verleiht den Pancakes eine frische Frühlingsnote. Serviert werden die luftigen Wölkchen mit meinem Express Blaubeersirup.

Für 6 bis 8 Stück

Zutaten

1 Zitrone
2 EL Zucker
60 g kanadische Blaubeeren (TK)
120 ml Ahornsirup
1 Prise Salz
150 g Mehl
1/2 TL Backpulver
1/4 TL Natron
1/2 TL Salz
1 Ei (L)
300 ml Buttermilch
2 EL Butter, geschmolzen (15 g)
1 TL Pflanzenöl

Tipp: Wer möchte, kann den Blaubeersirup noch mit einer Prise gemahlenem Kardamom verfeinern.

Zubereitung

1. Die Schale der Zitrone in eine kleine Schüssel reiben. Zucker zugeben und die Zitronenschale mit den Fingern in den Zucker reiben. Beiseite stellen. Zitrone halbieren und eine Hälfte davon entsaften.
2. Die Blaubeeren mit dem Ahornsirup, einer Prise Salz, und 1 EL vom Zitronensaft in einem kleinen Topf zum Kochen bringen. Die Hitze reduzieren und den Sirup 15 bis 20 Minuten auf niedriger Stufe köcheln lassen, bis er etwas andickt. Zum Abkühlen beiseite stellen.
3. Den Ofen auf 60 Grad vorheizen. Mehl in einer Schüssel mit Backpulver, Natron, 1/2 TL Salz und dem Zitronenzucker mischen. Das Ei trennen und Eiweiß in einer Schüssel mit dem Schneebesen halbsteif schlagen. Buttermilch mit Eigelb und geschmolzener Butter verrühren. Mit einer Küchenspachtel vorsichtig das Eiweiß unterheben. Die Eimischung nun mit dem Schneebesen zu der trockenen Mischung geben und nur so lange rühren, bis der Teig gerade so zusammenkommt. Es können ruhig noch ein paar kleine Klümpchen im Teig zu sehen sein.
4. Eine beschichtete Pfanne auf mittelhoher Stufe erhitzen, einen TL Öl in die Pfanne geben und mit einem Küchentuch die Pfanne auswischen, bis nur noch ein minimaler Fettfilm in der Pfanne ist. Aus je ca. 1,5 bis 2 EL Teig 4 Pancakes in die Pfanne geben und ca. 3 Minuten braten lassen, bis sich auf der Oberseite kleine Bläschen bilden. Die Pancakes mit dem Pfannenwender umdrehen und weitere 2 bis 3 Minuten in der Pfanne braten.
5. Fertige Pancakes auf einem Teller mit Alufolie bedeckt im Ofen warmhalten während die nächste Ladung Pancakes gebacken wird und mit Blaubeersirup servieren.

Der Fantasie sind bei Eggs Benny keine Grenzen gesetzt. Ob vegetarisch mit Spinat und Avocado oder herzhaft mit Pulled Pork! Perfekt zur Resteverwertung!

„Eggs Benny" mit Espresso-Hollandaise

„Eggs Benny", wie Eier Benedikt in Kanada liebevoll genannt werden, sind hier die erste Wahl für einen ausgiebigen Sonntagsbrunch mit Freunden und von den Speisekarten kanadischer Frühstückscafés einfach nicht wegzudenken. Sollte man beim Geruch von Butter und Toast noch nicht in die Gänge kommen, erledigt das die Espresso-Hollandaise!

Für 2 Personen

Zutaten

Für die pochierten Eier:
4 möglichst frische Eier
2 TL weißer Essig

Für die Hollandaise:
1 Eigelb
1 Prise Salz
½ TL Espresso-Pulver
1/2 TL Ahornsirup
1 TL Zitronensaft, frisch gepresst
120 g Butter

Toppings nach Belieben:
Pulled Pork, Bacon, Spinat, Avocado, Räucherlachs oder Tomaten

2 Englische Muffins / Toasties

Zubereitung

1. Eine große Schüssel mit Eiswasser bereitstellen.
2. Einen großen Topf mit Wasser füllen und zum Kochen bringen, dann die Temperatur reduzieren. Essig zufügen. Das Wasser sollte nicht kochen, sondern kurz vor dem Sieden sein. 85 bis 89 Grad sind perfekt.
3. Eier zunächst behutsam einzeln in kleine Schälchen aufschlagen. Das Kochwasser mit einem Löffel kräftig umrühren, sodass in der Mitte ein Strudel entsteht und das aufgeschlagene Ei vorsichtig genau in die Mitte stürzen. Der Strudel hält das Eiweiß zusammen und sorgt dafür, dass es sich ideal um das Eigelb legt. Normalerweise ist das Ei nach 3-4 Minuten perfekt pochiert. Das Ei mit einer Schaumkelle in das Eisbad transferieren.
4. Sämtliche Toppings vorbereiten.
5. Nun die Hollandaise zubereiten. Damit diese gelingt, benötigt man einen Pürierstab und einen hohen Behälter, in den der Kopf des Pürierstabs perfekt hineinpasst.
6. Eigelb und Salz in den Behälter geben. Espresso Pulver mit 1 TL heißem Wasser, Ahornsirup und Zitronensaft verrühren, bis das Pulver sich komplett aufgelöst hat. Espresso-Mischung zum Eigelb geben.
7. Butter in einem kleinen Topf auf mittlerer Stufe schmelzen, aufkochen lassen und warten, bis sie nicht mehr schäumt, was bei etwa 104 Grad geschieht. Dabei den Topf sanft schwenken. Butter in einen Messbecher oder ein Kännchen umfüllen.
8. Eier und Espresso-Mischung mit dem Pürierstab vermischen. Das Gerät laufen lassen und die heiße Butter langsam und kontinuierlich in einem dünnen Strom zum Ei geben. Die Hollandaise sollte nun dick und glänzend werden.
9. Die Brötchen im Toaster aufbacken und halbieren. Mit den Toppings bedecken, dann mit je einem Ei und einem Esslöffel Hollandaise bedecken.

Lachsfilet mit brauner Zuckerkruste & Pistazien

Lachs ist für das Anglerparadies Kanada wohl genauso typisch wie Ahornsirup und wird landesweit das ganze Jahr über gegessen. Besonders gerne bereitet man den beliebten Fisch hier an der Westküste mit einer Kruste oder einer Glasur zu. Bei unserem Lieblingsrezept werden Lachsfilets mit einer Zuckerglasur bestrichen, mit gehackten Pistazien bestreut und für ein paar Minuten unter den Backofengrill geschoben, bis die Kruste goldbraun ist. So wird der Fisch genau so, wie wir ihn am liebsten essen - saftig, zart und noch leicht glasig in der Mitte.

Für 2 Personen

Zutaten

2 Lachsfilets à ca. 150 g, ohne Haut
2 EL brauner Zucker
1 EL Mayonnaise
1 EL Dijon Senf
1 Messerspitze Zimt
50 g Pistazien, geschält

Zubereitung

1. Ofengrill vorheizen. Ein Backblech ca. 15 cm unter dem Grill in den Ofen schieben.
2. Die Lachsfilets waschen, trocken tupfen und ringsum mit Salz würzen.
3. Zucker, Mayonnaise, Senf und Zimt in einer kleinen Schüssel so lange verrühren, bis der Zucker sich auflöst. Pistazien grob hacken.
4. Lachsfilets großzügig mit der Zuckerglasur bestreichen und dabei auch die Seiten leicht mit der Mischung bepinseln.
5. Den Lachs in der Form unter dem Grill 4 Minuten braten. Nun die gehackten Pistazien auf die Lachsfilets streuen und die Form weitere 4 Minuten unter den Grill stellen, bis die Zuckerkruste schön gebräunt ist.
6. Den Lachs sofort mit Zitronenscheiben und grünem Salat servieren.

Jakobsmuscheln mit Bacon, Eiswein-Vanille-Beurre blanc & Erbsenpüree

Möchtet ihr eure Gäste mit etwas ganz Besonderem überraschen oder euch selbst ein wenig Luxus gönnen? Dann ist dieses Rezept genau das Richtige! Jakobsmuscheln brauchen eure volle Aufmerksamkeit, denn sie sind sehr empfindlich und haben eine enorm kurze Garzeit! Nicht ablenken lassen!

Für 4 Personen als Vorspeise

Zutaten

4 Scheiben Bacon

Für das Erbsenpüree:

1 EL Pflanzenöl
20 g Schalotten, fein gehackt
400 g Erbsen (TK)
4 g Salz
200 ml Milch
¼ TL Muskatnuss, frisch gerieben

Für die Beurre blanc:

½ Schalotte, fein gewürfelt
2 Pfefferkörner
Mark ½ Vanilleschote
50 ml Eiswein
70 g Butter, kalt
Salz

200g Jakobsmuscheln, optional: über Nacht in Eiswein mariniert

Zubereitung

1. Bacon in eine kalte Pfanne geben und auf mittlerer Stufe braten, bis er knusprig braun ist. Bacon aus der Pfanne nehmen und auf Küchenpapier abtropfen lassen. Fett in der Pfanne aufsparen.
2. Pflanzenöl in einer mittelgroßen Pfanne auf mittlerer Stufe erhitzen und die Schalotten darin anschwitzen, bis sie glasig, aber noch nicht braun sind. Erbsen, Salz, Milch und Muskat zufügen und alles ca. 8 Minuten köcheln lassen. Die Milch über einem Sieb abgießen und aufbewahren. Erbsen in einem hohen Gefäß pürieren und nach und nach etwas von der Milch hinzugeben, bis ein glattes Püree entsteht. Erbsenpüree nun so schnell wie möglich abkühlen, da es sonst seine Farbe verliert.
3. Schalotten mit Pfefferkörnern, Vanillemark und ausgekratzter halber Vanilleschote sowie Eiswein in einen kleinen Topf geben und auf mittlerer Stufe auf 1 - 2 EL einkochen. Durch ein Sieb gießen und die Schalotten mit dem Kochlöffel etwas ausdrücken. Die Flüssigkeit in den Topf zurückgeben. Hitze reduzieren und kalte Butter stückweise mit einem Schneebesen unterrühren. Den Topf ab und zu von der Platte nehmen, damit die Soße nicht zu heiß wird. Mit Salz abschmecken.
4. Jakobsmuscheln mit Küchenpapier trockentupfen und von beiden Seiten salzen. Eine mittelgroße Pfanne auf hoher Stufe erhitzen, dann 2 EL Bacon-Fett in die Pfanne geben und warten, bis das Fett richtig heiß ist. Jakobsmuscheln mit der größeren Seite nach unten in die heiße Pfanne legen und auf jeder Seite für ca. 1 Minute anbraten. Darauf achten, dass die Jakobsmuscheln auf jeder Seite nur zwei bis vier Millimeter durchbraten - das kann man von außen leicht erkennen. Idealerweise sind die Jakobsmuscheln im Kern noch glasig.
5. Jakobsmuscheln mit Erbsenpüree und Beurre blanc servieren und mit Bacon bestreuen.

Halifax-Döner

Der beliebte Late Night Snack aus Nova Scotia ist die kanadische Antwort auf Döner Kebab. Das Dönerfleisch lässt sich ganz einfach im Ofen zubereiten. Das i-Tüpfelchen ist aber die süße Knoblauchsoße, die den Halifax-Döner zum absoluten Streetfood Favorit der Atlantikprovinz macht! Mit Soßenresten lassen sich tolle Salatdressings zubereiten!

Für 4 Personen

Zutaten

1,5 TL Salz
1,5 TL Oregano
1 TL Mehl
1 TL gemahlener Pfeffer
¼ TL Cayenne Pfeffer
2 TL Knoblauch-Pulver
500 g Rinderhack
1 TL Dijon Senf
1 Knoblauchzehe, fein gerieben
1 kleine Zwiebel, sehr fein gehackt
75 ml gesüßte Kondensmilch
3 EL Mayonnaise (saure Sahne für leichtere Version)
1 EL saure Sahne oder Naturjoghurt
2 bis 3 TL Weißweinessig
4 Pita Taschen
1 Zwiebel, in feine Ringe geschnitten
¼ Eisberg Salat, in feine Scheiben geschnitten
¼ Salatgurke, in feinen Scheiben
2 Tomaten, in Scheiben

Zubereitung

1. Den Ofen auf 175 Grad vorheizen.
2. In einer kleinen Schüssel Salz, Oregano, Mehl, beide Pfeffer und 1 TL Knoblauchpulver mischen.
Rinderhack in eine Metallschüssel geben und mit der Gewürzmischung, Senf, dem geriebenen Knoblauch und der Zwiebel mischen. Das Fleisch nun etwa 5 Minuten sehr kräftig durchkneten. Dabei mehrere Male mit beiden Händen aufheben und in die Schüssel werfen.
3. Fleisch zu einem brotähnlichen Laib formen und in eine Auflaufform geben. Dönerfleisch ca. 75 Minuten lang backen bzw. bis die Innentemperatur ca. 70 Grad beträgt. Fleisch aus dem Ofen nehmen und auf Zimmertemperatur abkühlen lassen oder über Nacht im Kühlschrank auskühlen lassen.
4. Für die Döner-Soße Kondensmilch mit dem restlichen Knoblauchpulver verrühren. Mayo und saure Sahne mit dem Schneebesen unterrühren bis alles glatt ist. Nun den Essig Teelöffel für Teelöffel in die Soße laufen lassen und dabei gut rühren.
5. Pita Taschen nach Packungsanweisung im Ofen anwärmen. Dönerfleisch mit einem scharfen Messer in hauchdünne Scheiben schneiden. Gemüse vorbereiten.
6. Ofenwarme Pita Taschen mit Fleisch, Salat, Tomaten, Gurken und Sauce füllen und genießen.

Nova Scotia Fish Cakes mit Rhabarber-Chutney

Wer im atlantischen Kanada unterwegs ist, für den führt kein Weg an diesen saftigen Fischfrikadellen vorbei. Auch wenn Hartgesottene sie gerne zum Frühstück genießen, essen wir sie doch am liebsten zum Mittag oder Abendessen. Dazu leckeres Rhabarber-Chutney.

Für 4 Personen \ 12 Fischküchlein

Zutaten

500g mehlige, gekochte Kartoffeln
500g Kabeljaufilet, frisch oder aufgetaut
250 ml Milch
1 große Zwiebel
2 EL Butter
3 Eier
2 EL Petersilie, gehackt
1 EL Salbei, gehackt
2 EL Worcestersoße
1 TL scharfer Senf
Schale einer halben Zitrone
ca. 100 g Panko oder Semmelbrösel
2-3 EL Butterschmalz
Salz und Pfeffer

Zubereitung

1. Kartoffeln zerstampfen und beiseitestellen. Den Fisch mit der Milch in eine Pfanne mit Deckel geben und für ca. 30 Minuten in den Kühlschrank stellen.
2. Zwiebel schälen, halbieren und fein hacken. Die Butter in einer Pfanne schmelzen und die Zwiebelwürfel darin ca. 3 Minuten glasig anschwitzen.
3. Die Pfanne mit dem Fisch aus dem Kühlschrank nehmen und auf dem Herd bei mittlerer Hitze aufkochen lassen. Den Deckel auflegen und 5 bis 7 Minuten köcheln lassen. Nun die Milch abschütten und den Fisch abkühlen lassen. Anschließend den Fisch mit zwei Gabeln zerpflücken.
4. In einer Schüssel die zerstampften Kartoffeln mit einem Ei, den Zwiebeln, den gehackten Kräutern, Worcestersoße, Senf und Zitronenschale gut vermengen.
5. Die Fischstückchen dazugeben, alles mischen und mit Salz und Pfeffer abschmecken. Den Teig 30 Minuten kühl stellen.
6. Die übrigen 2 Eier in einem Schälchen verquirlen und die Semmelbrösel/Panko in einer flachen Schale bereitstellen. Eine Pfanne mit dem Butterschmalz auf mittlerer Stufe erhitzen.

7. Nun aus dem Fischteig golfballgroße Portionen ausstechen und zu Laibchen formen. Diese zuerst in der Eiermischung, dann in den Semmelbröseln wenden.
8. Die Fish Cakes im heißen Fett auf mittlerer Stufe von jeder Seite ein paar Minuten goldbraun braten und auf einem mit Küchenpapier ausgelegten Teller lagern. Mit Rhabarber-Chutney servieren!

Rhabarber-Chutney

Für 4 Gläser a 250 ml

1. Den Rhabarber waschen, abziehen und in kleine Stücke schneiden.
2. Die Zwiebeln sehr fein hacken.
3. Sämtliche Zutaten, außer dem Zucker, in einem Topf zum Kochen bringen. Dann erst den Zucker langsam zugeben und alles bei kleiner Hitze so lange köcheln lassen, bis die Masse die Konsistenz von dicker Marmelade hat.
4. Heiß in vorbereitete, sterile Gläser füllen.

Tipp: Das Rhabarber-Chutney schmeckt auch ganz hervorragend zu Käse.

Zutaten

1000 g Rhabarber
250 g Zwiebel
250 g Sultaninen
14 g Senfkörner
1 TL Zimt
2 EL geriebener Ingwer
4 Gewürznelken
2 Sternanis ganz
1 TL Pfeffer
1,5 TL Salz
1/4 TL Cayennepfeffer
0,2 Liter Essig
0,18 Liter trockener Weißwein
750 g Zucker braun

Schweinefilet mit Ahornsirup & Dijon-Senf-Soße

Zartrosa am Stück gebratenes Schweinefilet, serviert mit einer würzig-scharfen und leicht karamelligen Senfsoße. Auf die Kombination *Maple & Mustard*, also Senf und Ahornsirup, stößt man sowohl auf kanadischen Speisekarten als auch auf heimischen Esstischen auf Schritt und Tritt. Ein bewährtes Ensemble, das in diesem Rezept besonders glänzt.

Für 2 bis 3 Personen

Zutaten

500g Schweinefilet
3 EL Dijon Senf
1 TL Salz
½ TL Pfeffer
1 EL Pflanzenöl
60 ml Weißwein
60 ml Wasser
2 EL Ahornsirup
100 ml Sahne

Zubereitung

1. Den Ofen auf 230 Grad vorheizen. Das Schweinefilet trocken tupfen. 1 EL Dijonsenf mit Salz und Pfeffer verrühren und das Schweinefilet rundum damit einstreichen. Eine ofenfeste Pfanne mit 1 EL Pflanzenöl auf mittel-hoher Stufe erhitzen und das Schweinefilet darin insgesamt etwa 5 Minuten von allen Seiten anbraten. Ein Ofenthermometer in die dickste Stelle des Filets stecken. Die Pfanne in den Ofen stellen und etwa 15 Minuten im Ofen backen, bis das Thermometer 58 (für rosa) bis 64 (medium) Grad Innentemperatur anzeigt.
2. Pfanne aus dem Ofen nehmen, das Fleisch auf ein Schneidebrett geben und mit Alufolie bedecken.
3. Pfanne auf mittlerer Stufe erhitzen und mit Wein und 60 ml Wasser aufgießen. Mit einem Kochlöffel Ablagerungen am Pfannenboden abkratzen und alles ca. 1 Minute köcheln lassen. Ahornsirup und den restlichen Senf dazugeben und alles unter Rühren 5 Minuten köcheln lassen. Sahne unterrühren und weitere 2 Minuten simmern lassen. Soße mit schwarzem Pfeffer würzen.
4. Schweinefilet mit der Soße servieren. Dazu passen grüne Bohnen.

Maple & Mustard Tenderloin ist mein Lieblingsrezept für zwanglose Dinnerrunden. Schnell gemacht, kostengünstig und dennoch festlich. Das schont den Geldbeutel und den Gastgeber!

Sugar Shack Chicken

In den ‚sugar shacks', den Zuckerhütten, wird der Saft des Ahornbaums in den weltweit heißgeliebten Maple Syrup umgewandelt. Dieser ist mitunter die Starzutat dieses einfachen Hähnchengerichts, welches wir besonders gerne im Frühling essen. Die Kombination von scharfem Ingwer, erfrischender Limette und nussigem Ahornsirup macht mein Sugar Shack Chicken zu einem ganz besonderen Genuss.

Für 4 Personen

Zubereitung

1. Alle Zutaten bis auf das Fleisch in einer Küchenmaschine pürieren, bis eine glatte Marinade entsteht. Das Fleisch mit der Marinade zusammen in einen Gefrierbeutel geben und diesen in eine Schüssel geben, sodass das Fleisch von allen Seiten von der Marinade umgeben ist.
2. Alles für mindestens 4 Stunden, am besten über Nacht, marinieren lassen. Etwa eine Stunde vor der geplanten Zubereitung aus dem Kühlschrank nehmen.
3. Den Ofen auf 200 Grad vorheizen, Hähnchenbrüste ohne Marinade in eine Form (wenn Haut vorhanden, mit der Hautseite nach oben) geben und für 25-30 Minuten backen, bis das Fleisch eine Innentemperatur von 70 Grad erreicht.
4. Die Restmarinade währenddessen in einem Topf erhitzen und ein paar Minuten einkochen lassen, bis sie andickt. Das Fleisch gleich zu Beginn der Backzeit mit etwas Soße bepinseln, dann nach der Hälfte der Backzeit Form wenden und Hähnchenbrüste mit dem Rest der Marinade bestreichen.

Tipp: Die Garzeit hängt von der Größe der Fleischstücke ab. Generell gilt eine Innentemperatur von 70 Grad als sicher. Ich nehme das Fleisch trotzdem schon bei etwa 67 Grad aus dem Ofen und lasse es zugedeckt in der heißen Form noch 8 bis 10 Minuten ziehen. Bei ausgelösten Schenkeln ohne Knochen und Haut beträgt die Backzeit etwa 20 Minuten.

Zutaten

Saft von 2 großen Limetten
1/2 TL Limettenabrieb
6 EL Ahornsirup
1,5 EL Worcestersoße
1 EL Sojasoße
2 TL frischer Ingwer, gerieben
1 Knoblauchzehe, gehackt
1 bis 2 EL Rum (optional)
1/2 TL Salz
1/2 TL Pfeffer
optional: 1 TL Tabasco oder Chilisoße
4 Hähnchenbrüste oder ausgelöste Schenkel

Ginger Ale Pulled Pork mit Erdbeer-Salsa

Für 4 Personen

Zutaten

Gewürzmischung:
2 EL feines Meersalz
2 EL brauner Zucker
2 TL Pfeffer, frisch gemahlen
1 TL Zimtpulver
1 EL Ingwerpulver
1 EL Zwiebelpulver
4 Knoblauchzehen, fein gehackt

Pulled Pork:
1 Schweinenacken (1,8 bis 2 kg)
1 Zwiebel in Spalten geschnitten
1 Apfel, in Spalten geschnitten
1 Dose Ginger Ale
optional ein paar Tropfen Flüssigrauch / Liquid Smoke

Salsa:
300 g Erdbeeren, gewürfelt
1 rote Zwiebel, fein gehackt
2 EL gehackter Koriander
1,5 EL Ingwer, frisch gerieben
Saft einer Limette
2 TL Honig oder Ahornsirup
Salz, Pfeffer

Zubereitung

1. Alle Zutaten der Gewürzmischung vermischen.

2. Fleisch damit einreiben und für 12 Stunden zugedeckt im Kühlschrank marinieren lassen. Braten am nächsten Tag herausnehmen und auf Raumtemperatur kommen lassen. Den Saft, der sich um das Fleisch bildet, wegwerfen.

3. Einen großen, gusseisernen Topf oder Bräter mit den Zwiebel- und Apfelscheiben auslegen und das Fleisch darauf legen. Etwa 150 ml Ginger Ale dazu gießen. Ein Fleischthermometer in die Mitte des Fleisches stecken, den Deckel auflegen, und Braten in den auf 150 Grad vorgeheizten Ofen geben. Im Ofen backen, bis das Fleisch zart ist und eine Innentemperatur von etwa 90 Grad erreicht ist. Währenddessen den Braten ab und zu mit der Soße übergießen (nicht zu oft) und nach 2 Stunden den Rest vom Ginger Ale beifügen. Nach ca. 3 ½ bis 4 h Deckel lüften und Fleisch eine weitere Stunde backen.

4. Nun den Ofen ausschalten, das Fleisch herausnehmen, gut in Alufolie wickeln und in den ausgeschalteten Ofen legen. Die Ofentüre schließen. Die Soße pürieren und mit Salz und Pfeffer abschmecken. Wer möchte, kann jetzt ein paar Tropfen Liquid Smoke zufügen.

5. Schweinebraten im Ofen mindestens 1 Stunde ziehen lassen, dann aus dem Ofen nehmen und mit zwei Gabeln zerrupfen.

6. Das Fleisch mit der Soße vermischen und nochmal kurz in einem Topf erwärmen.

7. Erdbeeren, Zwiebel und Koriander in eine Schüssel geben. In einer weiteren Schüssel Ingwer, Limettensaft und Honig vermischen und zu der Erdbeer-Mischung geben. Alles gut vermengen und mit Salz und Pfeffer abschmecken. Salsa bis zum Servieren kühl stellen. Mit der Erdbeer-Salsa und Burger-Brötchen servieren.

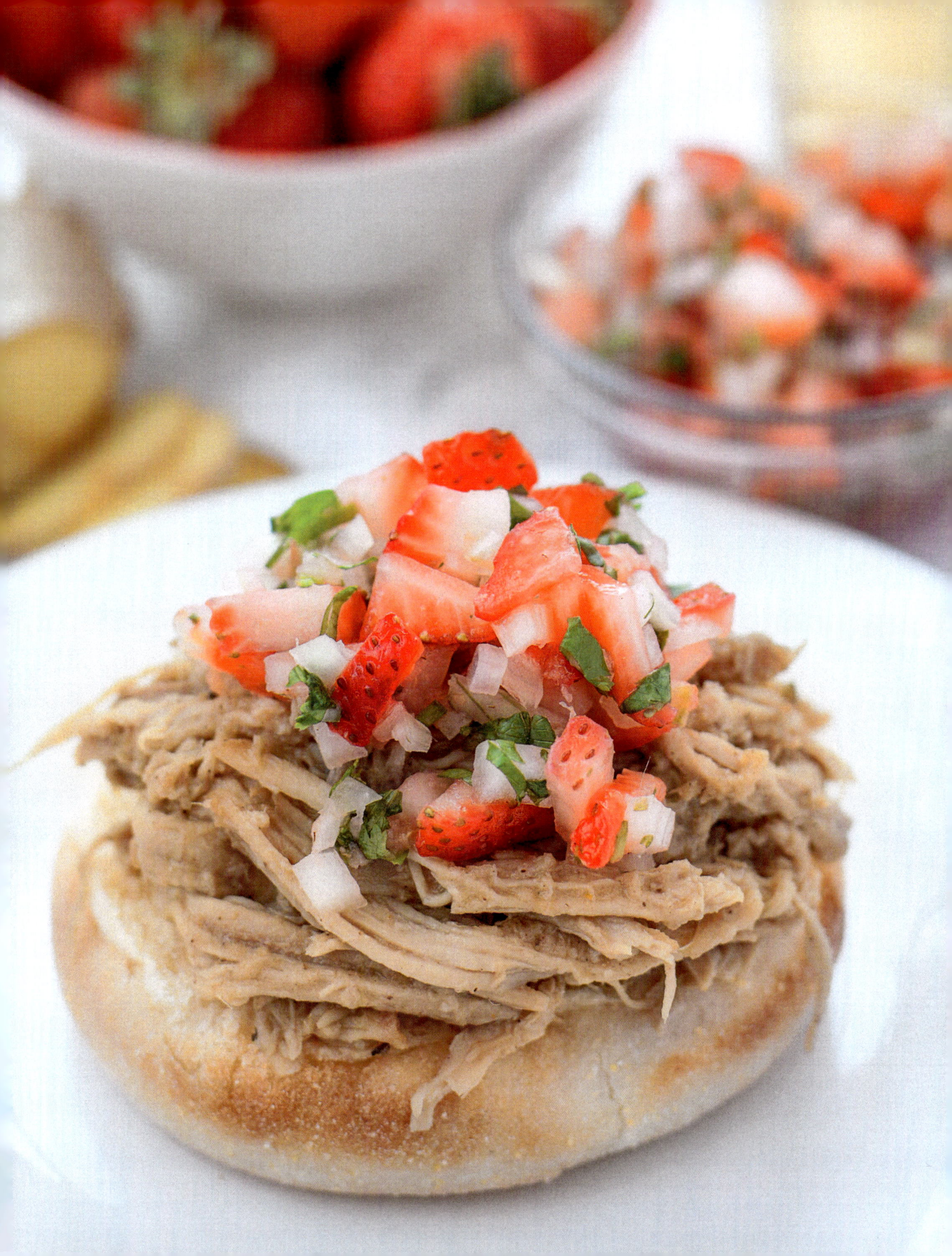

Granny's Rhubarb Chicken

Rhabarber schmeckt nicht nur in Kuchen. Auch zu Hühnchen essen wir ihn gerne. Dieses Rezept für gebratene Hähnchenschenkel mit fruchtiger Rhabarber-Birnen-Soße ist bei uns ein Klassiker während der Rhabarberernte.

Für 2 Personen

Zutaten

Für das Hähnchen:
2 Hähnchenschenkel mit Haut
Salz, Pfeffer
2 EL Olivenöl

Für die Soße:
1 kleine rote Zwiebel
1 Stange Rhabarber (250g)
1 Birne
1 Knoblauchzehe
2 dicke oder 3 dünne Scheiben Bacon
2 Zweige Thymian
3 Salbeiblätter
60 ml Rosé oder Weißwein
4 EL Ahornsirup
Salz, Pfeffer

Zubereitung - Minuten

1. Hähnchenschenkel mit Küchenpapier gut trocken tupfen. Oberseite der Hähnchenschenkel großzügig salzen und pfeffern.
2. Eine Pfanne mit 2 EL Pflanzenöl auf hoher Hitze erhitzen. Das Öl sollte heiß werden, aber noch nicht rauchen. Fleisch mit der Hautseite nach unten in die Pfanne geben und die Hitze sofort auf mittelhoch reduzieren. Unterseite der Schenkel salzen und pfeffern. Hähnchen ohne Deckel 30 Minuten braten lassen. Die Haut wird nach und nach goldbraun werden.
3. Während das Hähnchen brät, Zwiebel schälen und würfeln. Rhabarber waschen und in Scheiben schneiden. Birne vierteln, schälen und entkernen. Fruchtfleisch grob würfeln. Knoblauchzehe schälen und fein hacken.
4. Den Bacon in eine mittelgroße Pfanne geben und diese auf mittlerer Hitze erwärmen, sodass das gesamte Fett langsam aus dem Speck austreten kann und der Bacon im eigenen Fett knusprig braun braten kann.
5. Sobald der Bacon gebräunt ist, Zwiebelwürfel und eine Prise Salz hinzufügen und Zwiebelwürfel ca. 3 Minuten glasig braten. Knoblauch, Thymian und Salbei mit in die Pfanne geben und alles noch 1 Minute weiterbraten lassen. Alles mit Wein aufgießen, aufkochen und etwas einreduzieren lassen. Nun Rhabarber, Birne, 60 ml Wasser, Ahornsirup, ½ TL Salz und eine Prise Pfeffer hinzufügen und die Soße vom Herd nehmen. Die Hähnchenschenkel nach ca. 30 Minuten wenden, den Deckel auf die Pfanne legen und alles weitere 25 bis 30 Minuten braten lassen. Rhabarbersoße bei Bedarf nochmal erhitzen. Wer möchte, kann den von den Schenkeln ausgetretenen Bratensaft unter die Soße rühren.
6. Rhubarb Chicken anrichten und genießen.

Saskatchewan Lentil Salad

Nur wenige Orte der Welt sind flacher als die Provinz Saskatchewan. Der fruchtbare Boden der Prärie-Provinz eignet sich dadurch hervorragend für den Anbau von Linsen. Die Küche Saskatchewans ist bekannt für seine raffinierten Linsengerichte, wie dieser frühlingshafte Salat mit Leindotteröl-Dressing. Die perfekte Beilage zu Fisch oder Geflügel.

Für 4 Personen, als Beilage

Zubereitung

1. Knoblauchzehe schälen, die Zwiebel halbieren und eine Hälfte in grobe Stücke schneiden. Die zweite Zwiebelhälfte würfeln.

2. Linsen in kaltem Wasser spülen und in einem Sieb abseihen. Die Linsen zusammen mit 1,2 Liter kaltem Wasser, der grob gehackten Zwiebel, dem Knoblauch und den Lorbeerblättern in einen Topf geben. Alles auf hoher Stufe kurz aufkochen lassen, dann die Hitze reduzieren und bei niedriger Temperaturstufe noch etwa 15 Minuten langsam weiterkochen lassen. Die Linsen sollten noch ihre Form behalten und nicht zerfallen. Nun 1 1/2 TL Salz mit in den Topf geben, den Herd abschalten und alles noch 5 Minuten stehen lassen. Linsen anschließend durch ein Sieb abseihen und abtropfen lassen.

3. In einer großen Pfanne auf mittlerer Stufe das Pflanzenöl erhitzen und Zwiebeln ca. 3 Minuten anschwitzen lassen. Paprika und Karotten hinzugeben und ca. 2 Minuten mitbraten. Frühlingszwiebel und Rhabarber beifügen, die Hitze hochschalten und 2 EL Zucker in die Pfanne streuen. Alles kurz karamellisieren lassen. Das Gemüse mit Salz abschmecken, in eine Schale geben und abkühlen lassen.

4. Leindotteröl mit Essig, Senf und 1 TL Zucker verrühren, bis ein glattes Dressing entsteht. Tomate würfeln und Basilikum hacken. Die Linsen, Tomatenwürfel, Basilikum und die Gemüsemischung in einer Salatschüssel mit dem Dressing vermengen und servieren.

Zutaten

1 große Knoblauchzehe
1 Zwiebel
300 g Linsen, getrocknet
2 Lorbeerblätter
2 EL Pflanzenöl
1 gelbe Paprikaschote, gewürfelt
2 Karotten, in feine Scheiben geschnitten
3 Frühlingszwiebel, in feine Scheiben geschnitten
1-2 Stangen Rhabarber, (alternativ: Sellerie, in Scheibchen geschnitten)
100 ml Camelina bzw. Leindotteröl
50 ml Sherry Essig
1 EL körniger Senf
1 Tomate
1 Bund Basilikum
Zucker, Salz, Pfeffer

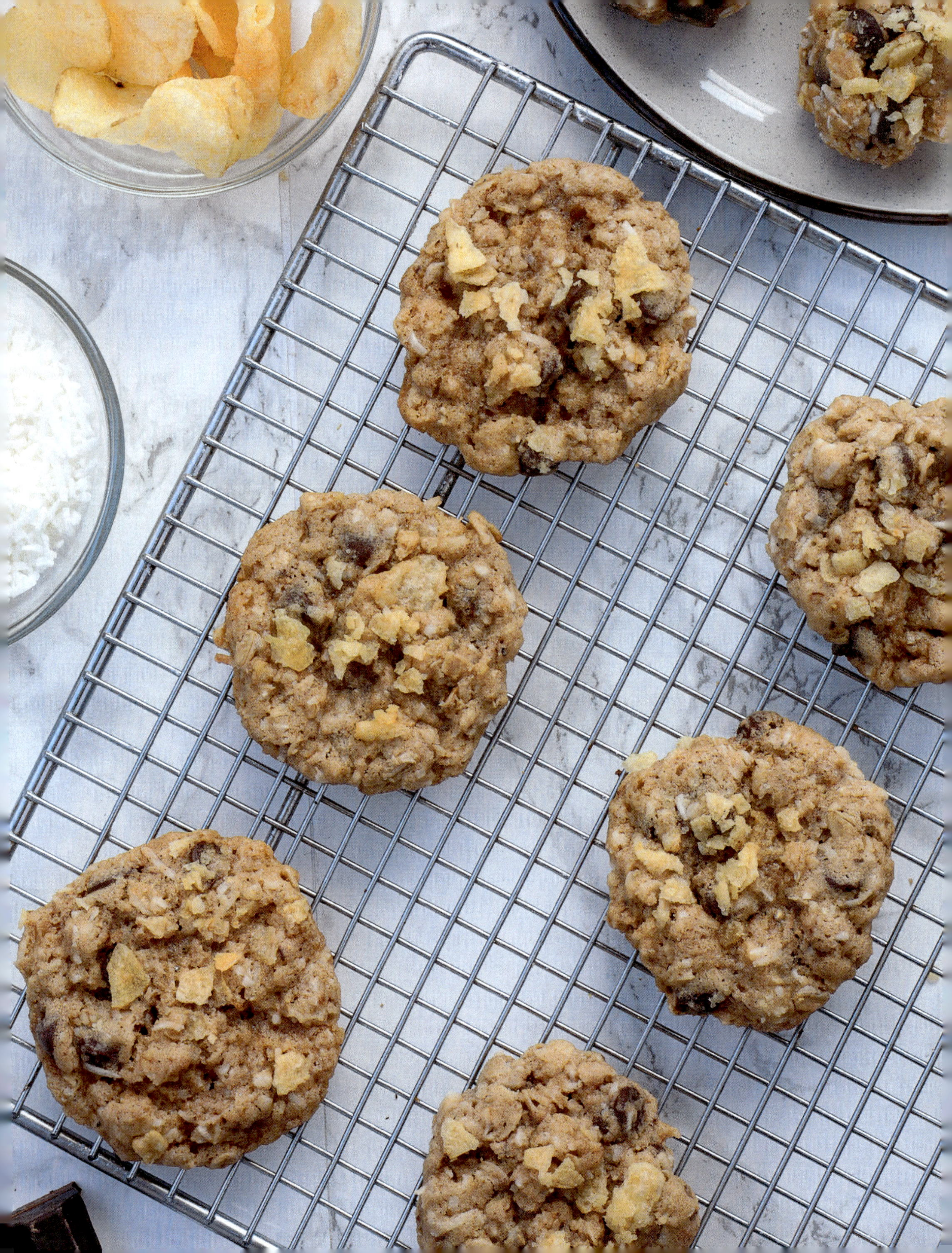

Rocky Mountain Oatmeal Cookies

Sobald die ersten Sonnenstrahlen herauskommen und die Temperaturen in die Plus-Grade steigen, zieht es Kanadier in die Natur! Mit auf unsere Touren in die Great Canadian Outdoors kommt stets eine Dose dieser kleinen Kraftpakete. Meine Variation des klassischen Oatmeal Cookies setzt auf die Kombination aus Schokolade, Kokos und salzigen Chips! Abenteuerlich, aber so unglaublich lohnend – wie ein Trip in die Rockies. Und auch den Transport im Rucksack halten die robusten Knuspertaler allemal aus!

Für 35 - 40 Kekse

Zutaten

185 g Mehl
1,5 TL Backpulver
1,5 TL Natron
1,5 TL Zimtpulver
¼ TL Muskatnuss, frisch gerieben
½ TL Salz
170 g Butter, auf Zimmertemperatur
150 g Zucker
135 g brauner Zucker
1 Ei + 1 Eigelb
1 EL Vanille-Extrakt
230 g dunkle Schokoladen-Tröpfchen oder gehackte Schokolade
150 g Haferflocken, kernig
100 g Kokosflocken
100 g Kartoffelchips (gesalzen oder Salt and Vinegar), in kleine Stücke gebrochen

Zubereitung

1. Den Ofen auf 180 Grad vorheizen und zwei Bleche mit Backpapier auslegen.
2. Mehl mit Backpulver, Natron, Zimt, Muskat und Salz in einer Schüssel vermischen.
3. Im Standmixer oder mit dem Handrührer Butter aufschlagen, bis sie cremig und weiß ist. Langsam beide Zuckerarten einrieseln lassen und etwa 2 Minuten weiterrühren. Ei und Eigelb zufügen und verrühren. Nun auch die Vanille untermischen. Die Mehlmischung zugeben und nur so lange rühren, bis das Mehl in den Teig eingearbeitet ist. Schokolade, Haferflocken, Kokosflocken und 50 g der Chips unterheben. Die anderen 50 g in eine Schüssel geben.
4. Aus je einem EL Teig eine Kugel formen und diese mit der Oberseite in die Chips-Brösel drücken. Mit der Chips-Seite nach oben auf das Blech drücken. Die Teig-Halbkugeln sollten etwa 7 cm Abstand voneinander haben, da sie beim Backen auseinanderlaufen.
5. Fertige Bleche noch für ein paar Minuten in den Kühlschrank oder ins Eisfach geben, dann etwa 15 Minuten backen, bis die Kekse am Außenrand leicht braun werden. Das Blech nach der Hälfte der Backzeit einmal drehen, damit die Kekse gleichmäßig bräunen.
6. Cookies auf einem Gitterrost abkühlen lassen, dann in Blechdosen lagern.

Tipp: Die Kekse nicht zu lange backen, damit sie perfekt, d. h. außen knusprig und innen noch leicht soft, sind.

My Big Fat Canadian Carrot Cake

An meinem ersten kanadischen Ostern bat mich meine Schwägerin, einen Karottenkuchen für das Ostermenü ihres Restaurants in Calgary zu kreieren. Einen internationalen Festtagsklassiker zu backen, den man von zu Hause anders kennt, war für mich eine besondere Herausforderung. Nach ausgiebiger Recherche enwickelte ich ein Rezept, das alle Erwartungen erfüllt die Kanadier an einen „Real Deal" - Carrot Cake haben. Saftig, mit vielen Fruchtstücken, Nüssen, einem Hauch Würze und einer Schicht Frischkäse-Frosting on top. Nach dem Kuchen fragen die Gäste noch heute, und bei uns gibt es den Kuchen jährlich zu Ostern.

Für 12 Stück

Zutaten

Für den Teig
250 g Mehl
2 TL Natron
2 TL Zimt
3/4 bis 1 TL Nelken, gemahlen
1/2 TL Muskatnuss, gemahlen
1/2 TL Salz
je 150 g brauner und weißer Zucker
3 Eier L
180 ml Buttermilch
180 ml Pflanzenöl
1 Tl Vanilleextrakt
230 g Ananas aus der Dose
200 g geraspelte Karotten
150 g Kokosflocken
40 g Walnüsse oder Pekannüsse
80 g Rosinen, über Nacht in reichlich Rum eingeweicht

Für den Buttermilchguss
200 g Zucker
125 ml Buttermilch
120 g Butter

Zubereitung

1. Den Ofen auf 180 Grad vorheizen. Eine rechteckige Backform (30 x 23 cm) fetten und leicht mit Mehl bestäuben.
2. Mehl, Natron, Gewürze und Salz in einer mittelgroßen Schüssel mischen.
3. In einer weiteren Schüssel Zucker, Eier, Buttermilch, Öl und Vanille mit dem Handmixer aufschlagen, bis die Mischung glatt ist. Trockene und flüssige Mischung verrühren, bis ein einigermaßen glatter Teig entsteht. Es darf noch ein bisschen Mehl zu sehen sein.
4. Ananas aus der Dose in der Küchenmaschine zu etwa erbsengroßen Stücken hacken und zusammen mit Karotten, Kokosflocken und Nüssen unter den Teig heben. Rosinen hinzufügen und dabei die Flüssigkeit aufsparen.
5. Den Teig in die Form geben und glattstreichen. Carrot Cake ca. 30 Minuten backen, dann mit Alufolie bedecken und etwa 10 bis 15 Minuten weiterbacken, bis ein in die Mitte des Kuchens eingeführter Zahnstocher sauber aus dem Teig kommt. Während der letzten Minuten mit Guss anfangen.
6. Den Kuchen aus dem Ofen nehmen und mit einem Holzstäbchen rundum tief einstechen.
7. Für den Guss alle Zutaten außer der Vanille in einem großen Topf unter Rühren auf hoher Stufe zum Kochen bringen. Die Hitze reduzieren und alles 5 bis 7 Minuten köcheln lassen, bis der Guss eine dunkelbraune Farbe annimmt. Der Guss wird gegen Ende der Kochzeit etwas dünner werden. Topf von der Hitze nehmen und die Vanille sowie ca. 3 EL der Einweichflüssigkeit von den Rosinen und eine Prise Salz einrühren. Den Guss gleichmäßig über den noch warmen Kuchen geben und Carrot Cake komplett abkühlen lassen.

8. Für das Frosting Frischkäse und Butter gemeinsam 2 bis 3 Minuten aufschlagen, bis die Konsistenz fluffig und weiß ist. Nach und nach den Puderzucker mit einrieseln lassen und alles vermischen, bis eine geschmeidige Creme entsteht. Zuletzt Vanille und Zitronensaft unterrühren.

9. Den abgekühlten Kuchen mit dem Frosting bestreichen und servieren.

Tipp: Der Kuchen schmeckt am besten, wenn er bei Raumtemperatur etwas durchziehen kann. Ich bereite den Carrot Cake am liebsten einen Tag vor dem Servieren vor und mache das Frosting erst kurz vor dem Anschneiden. Der Kuchen hält sich im Kühlschrank mindestens eine Woche.

1 EL heller Zuckerrübensirup oder Honig
1 ½ TL Natron
1 TL Vanilleextrakt

Frosting
350 g Frischkäse, auf Zimmertemperatur
120 g Butter, auf Zimmertemperatur
120 g Puderzucker
½ TL Vanilleextrakt
Saft einer halben Zitrone

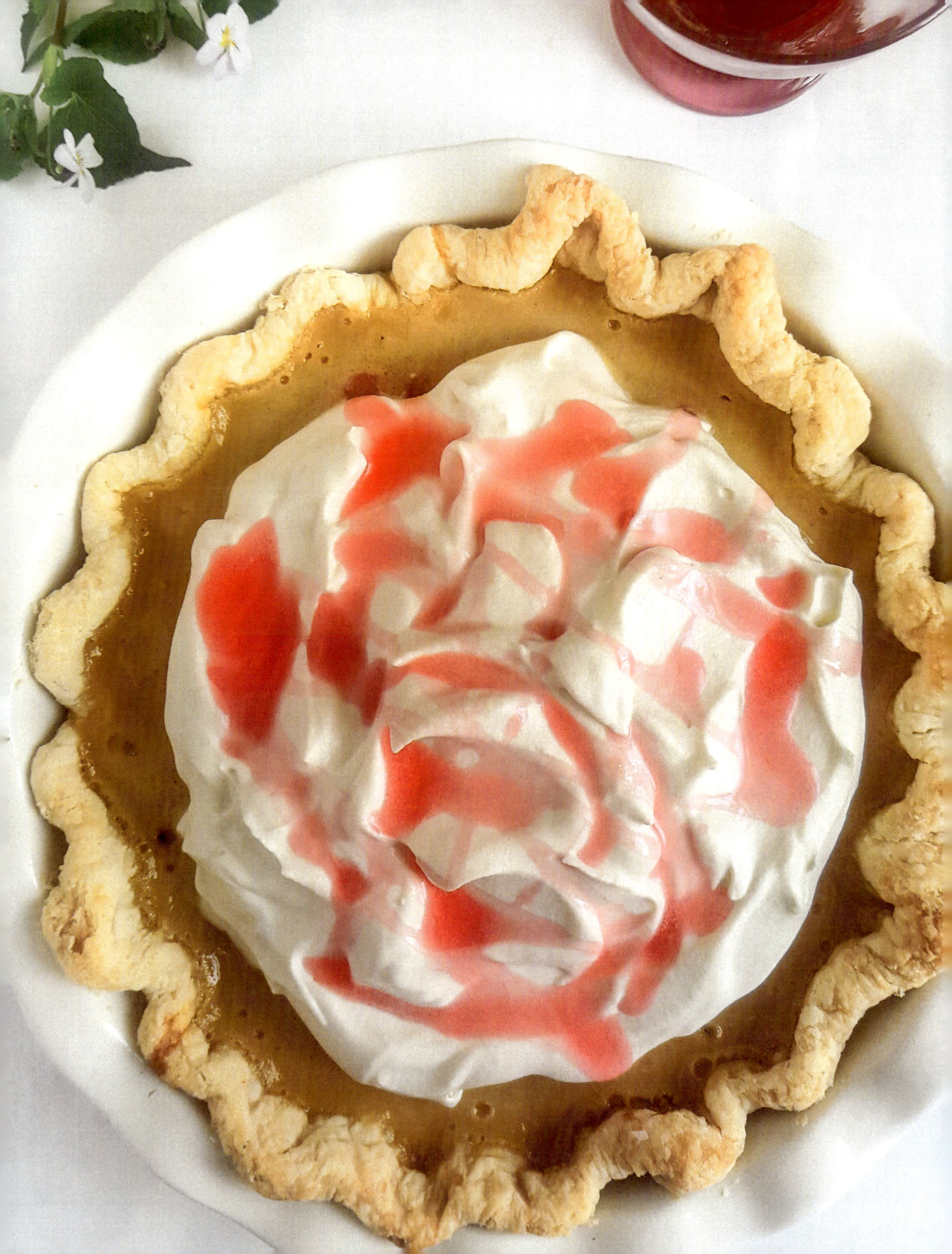

Buttermilch-Pie mit Rhabarber-Geheimnis

Für eine 26 bis 28 cm Pie Form

Himmlisch feinblättriger, knuspriger Pie-Teig trifft auf zartschmelzende, mit Ahornsirup verfeinerte Buttermilch-Creme. Verborgen zwischen Creme und Knusperkruste versteckt sich eine Schicht Rhabarberkompott, die mit ihrer fruchtigen Säure ein erfrischendes Element in dieses dekadente Frühlingsdessert zaubert.

Zutaten

1/2 Rezept Pie Teig, blind gebacken und abgekühlt (S. 137)

Für die Rhabarber Schicht:

350 g Rhabarber frisch oder TK
100g Zucker
50 ml Orangensaft, Weißwein oder Rosé
1 EL Erdbeer-Marmelade

Für die Buttermilch Füllung:
2 EL brauner Zucker
6 Eigelbe
35 g Mehl
160 ml Ahornsirup
475 ml Buttermilch
1 TL Vanille Extrakt
1/2 TL Salz

Zum Dekorieren:
200 g Sahne
2 EL Puderzucker
1 Pck. Sahnesteif
Rhabarbersirup (optional)

Zubereitung

1. Rhabarber in Scheiben schneiden und mit den restlichen Zutaten aufkochen, nun die Temperatur reduzieren und alles unter gelegentlichem Rühren einkochen, bis eine dicke Masse, ähnlich einer Marmelade, entsteht. Diese in eine Schüssel geben, mit Frischhaltefolie bedecken und abkühlen lassen. Auf dem blindgebackenen Pie-Teig verteilen.
2. Für die Buttermilch-Füllung braunen Zucker mit Eigelben und Mehl in einer Schüssel gut mit dem Handmixer verrühren. Ahornsirup, Buttermilch, Vanille und Salz unterrühren.
3. Den Ofen auf 165 Grad vorheizen.
4. Die Buttermilch-Masse vorsichtig auf die Rhabarber-Schicht geben. Das letzte Drittel am besten erst dann dazugießen, wenn der Pie bereits im Ofen ist.
5. Den Pie etwa eine Stunde backen. Sollte der Pie schnell zu dunkel werden, kann er mit einem Stück Alufolie bedeckt werden. Der Pie ist fertig, wenn die Füllung um den Rand voll gefestigt erscheint und in der Mitte noch ganz leicht wackelt. Den fertig gebackenen Pie komplett abkühlen lassen. Am besten stellt ihr ihn über Nacht in den Kühlschrank.
6. Vor dem Servieren die Sahne mit Puderzucker und Sahnesteif schlagen und auf dem Pie verteilen. Den Sirup über die Sahne sprenkeln und servieren.

Dattel-Streusel-Schnitten aus Neufundland

Für eine 23 x 33 cm Form
btw. 12 Stück

Die sogenannten Newfoundland Date Squares sind nicht ohne Grund ein landesweiter Tea-Time-Klassiker, denn hier stimmt einfach alles! Bei meinem herrlich unkomplizierten Rezept treffen knusprige Zitronen-geküsste Streusel auf eine cremige, mit einem Hauch Vanille und Zimt verfeinerte Dattel-Füllung. Der rustikale Blechkuchen eignet sich perfekt zum Mitbringen für spontane Kaffeerunden und bringt nicht nur die hartgesottenen Insulaner ins Schwärmen!

Zutaten

Für die Füllung:
550 g Datteln, entsteint *
180 ml Wasser
40 g Butter
2 EL brauner Zucker
¼ TL Salz
1 Msp. Zimt
1 EL Vanille-Extrakt
1 große Zitrone

Für den Teig
180 g Haferflocken, kernig
80 g Kokosflocken
¼ TL Salz
2 TL Backpulver
¼ - ½ TL Muskatnuss, frisch gerieben
235 g Mehl
100 g Zucker
50 g brauner Zucker
1 EL Zitronen-Abrieb
340 g Butter, kalt

Zubereitung

1. Datteln klein schneiden und zusammen mit den nächsten 6 Zutaten in einen Topf geben. Alles auf mittlerer Stufe zum Kochen bringen.
2. Die Zitrone heiß abwaschen und die Schale abreiben. Frucht entsaften und Saft mit in den Topf geben. Gut umrühren und die Mischung dick einkochen lassen. Gegen Ende besonders wachsam sein, damit die Füllung nicht anbrennt. Dattelfüllung nach Belieben pürieren, um etwaige Stückchen zu beseitigen, dann abkühlen lassen.
3. Ofen auf 180 Grad vorheizen. Eine rechteckige Backform (23 x 33 cm) fetten oder mit Backpapier auslegen.
4. Für den Teig Haferflocken, Kokosflocken, Salz, Backpulver, Muskat und Mehl in einer großen Schüssel vermischen.
5. Zuckersorten abwiegen und Zitronenschale hinzufügen. Mit den Fingerspitzen die Zitronenschale gut in den Zucker reiben, damit dieser gleichmäßig aromatisiert wird. Zucker zu der trockenen Mischung geben.
6. Kalte Butter mit einer Küchenreibe in die trockene Mischung reiben und alles mit den Fingern zu Streuseln verarbeiten.
7. Die Hälfte des Teiges in der Form verteilen und mit den Fingern zu einem kompakten Boden drücken. Darauf die Dattel-Füllung verstreichen und alles mit den restlichen Streuseln bedecken.
8. Die Dattel-Schnitten im vorgeheizten Ofen ca. 45 bis 55 Minuten backen, bzw. bis die Streusel leicht goldbraun sind. Bräunen die Streusel zu schnell, kann man die Form gegen Ende der Backzeit mit Alufolie bedecken.
9. Die Date Squares abkühlen lassen, dann mit einer Tasse Kaffee genießen. Wer möchte, kann die Schnitten mit einem Klecks Sahne servieren.

* Ich empfehle Medjool Datteln

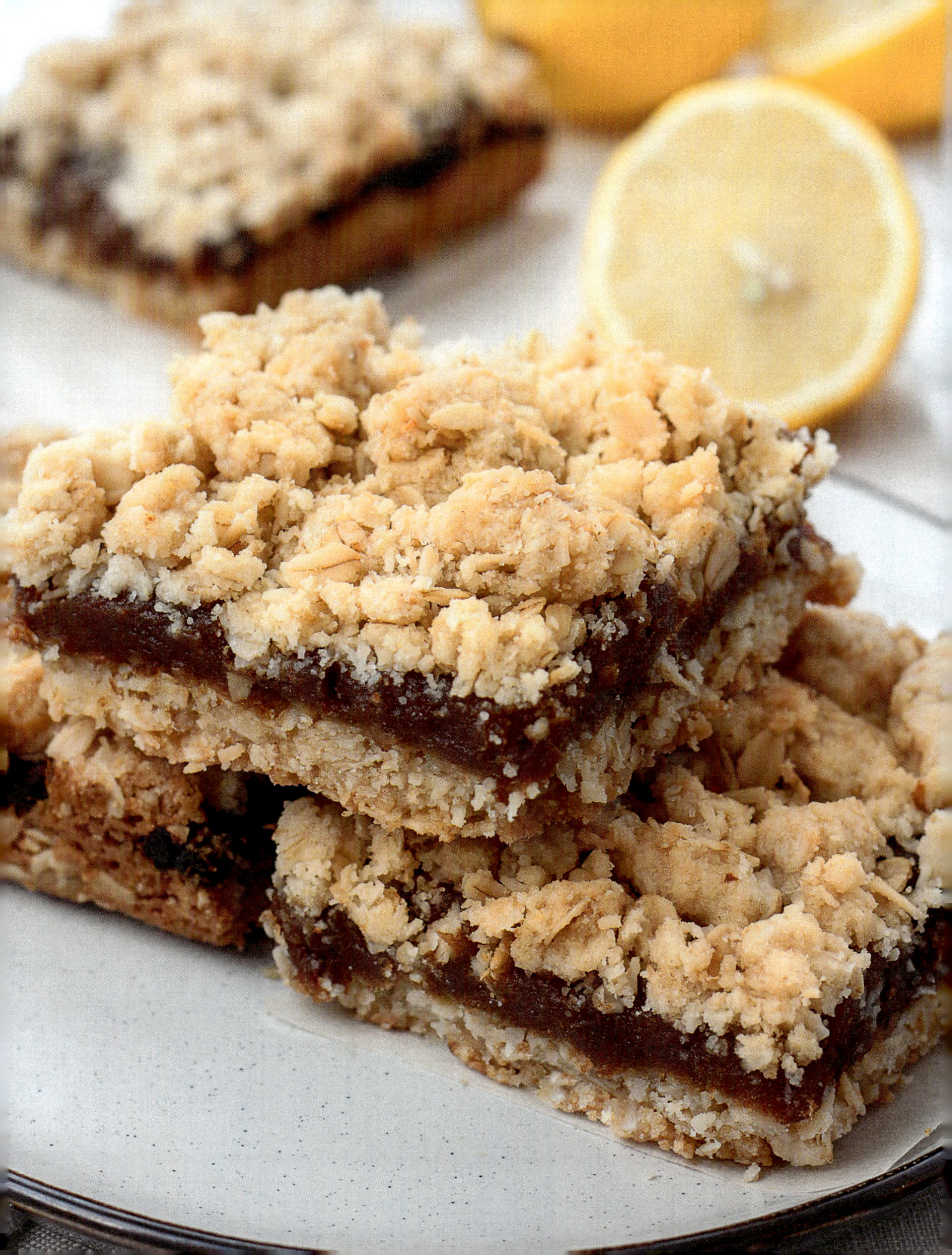

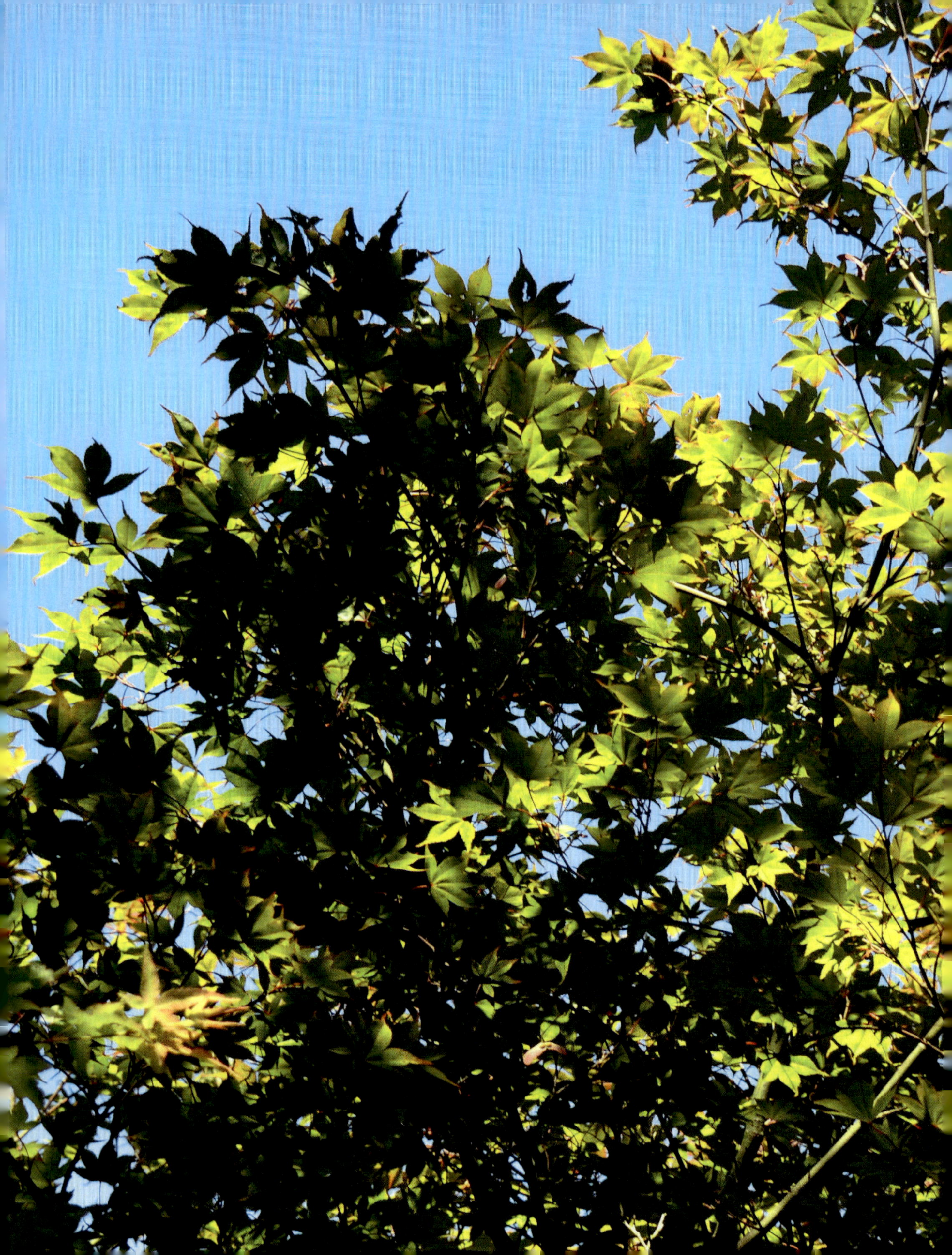

Sommer

....

Lege nicht alle deine Eier in
einen Korb.

Kanadisches Sprichwort

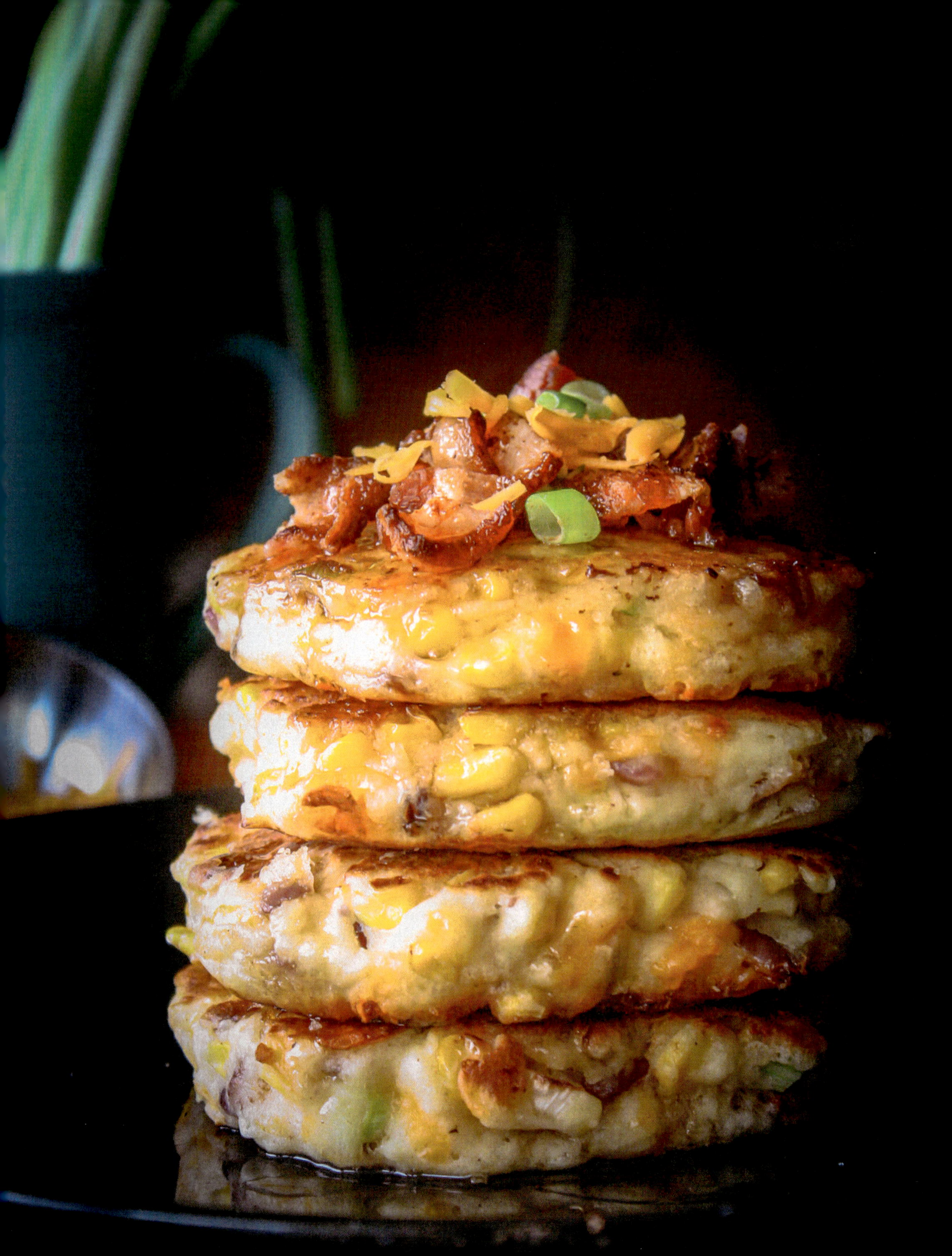

Cowboy Griddle Cakes

Wem Pancakes zu süß sind, der wird diese herzhaften Frühstücksküchlein lieben. Benannt sind sie nach der schweren, gusseisernen Pfanne (engl. griddle), in der sie ausgebacken werden. Doch auch in einer beschichteten Pfanne gelingen die Griddle Cakes ganz wunderbar.

Für 8 Griddle Cakes

Zutaten

- 8 Scheiben Bacon, gewürfelt
- 1 kleine rote Zwiebel, fein gewürfelt
- 3 Frühlingszwiebel, in Scheiben geschnitten
- 130 g Mehl
- 1 TL Backpulver
- 3/4 TL Salz
- 1/2 TL frisch gemahlener Pfeffer
- 1/4 TL frisch geriebene Muskatnuss
- 160 ml Buttermilch
- 1 Ei
- 1 EL Pflanzenöl
- 150 g Maiskörner aus der Dose, abgetropft
- 120 g Cheddar, gerieben
- 1 EL Butter
- Ahornsirup zum Servieren

Zubereitung

1. Bacon in eine große Pfanne geben und diese ohne Zugabe von Fett auf mittelhoher Stufe erhitzen. Die mittlere Hitze ist wichtig, damit die Speckwürfel genug Zeit haben, das Fett zu verlieren, und dabei nicht verbrennen. Bacon ca. 5 Minuten braten, bis er zu bräunen beginnt. Die Zwiebelwürfel hinzugeben und ca. 3 Minuten mitbraten. 2 EL dieser Mischung für die Deko in einem Schälchen beiseite stellen.
2. Frühlingszwiebel mit dem Mehl, Backpulver, Salz, Pfeffer und Muskatnuss in einer mittelgroßen Schüssel mischen.
3. Buttermilch, Ei und Öl in einer Schale verquirlen und zu der trockenen Mischung geben. Alles verrühren, bis das Mehl gut befeuchtet ist.
4. Speckmischung sowie abgetropfte Maiskörner und Käse unterheben. Der Teig sollte recht dick sein.
5. Eine gusseiserne Pfanne mit 1 EL Butter auf mittlerer Stufe erhitzen und aus je ca. einem gehäuften Esslöffeln nacheinander 6 bis 8 runde Pancakes von ca. 10 cm Durchmesser backen. Die Griddle Cakes sollten pro Seite ca. 4 Minuten braten, bis sie eine schön gebräunte Oberfläche bekommen.
6. Für 2 Personen je 3 bis 4 Griddle Cakes auf Serviertellern übereinanderstapeln, mit der aufgesparten Bacon-Mischung und etwas geriebenem Käse dekorieren und mit Ahornsirup servieren.

Lumberjack Granola

Dieses herzhafte Granola mit Rosmarin, Bacon und schwarzem Pfeffer schmeckt nicht nur echten kanadischen Holzfällern, sondern auch allen Fans von süß-salzigen Kombinationen. Ich liebe das Granola ganz besonders auf Joghurt, oder als Topping für Salate und Suppen.

Für 12 Portionen bzw. 6 Tassen

Zutaten

5 Scheiben Bacon
300 g kernige Haferflocken
50 g Kürbiskerne
40 g Sonnenblumenkerne
40 ml Ahornsirup
40 ml Honig
1 EL sehr fein gehackter, frischer Rosmarin
½ TL Salz
¼ TL gemahlener schwarzer Pfeffer
60 g Rosinen
60 g Cranberries
Pflanzenöl nach Bedarf

Zubereitung

1. Den Ofen auf 150 Grad vorheizen.
2. Bacon in eine große Pfanne geben und diese ohne Zugabe von Fett auf mittelhoher Stufe erhitzen. Die mittlere Hitze ist wichtig, damit die Speckscheiben genug Zeit haben, das Fett zu verlieren, und dabei nicht verbrennen. Bacon ca. 5 Minuten von der einen Seite braten, bis er knusprig ist, und dann noch mal 3 Minuten von der anderen Seite. Zum Schluss den braun gebratenen Bacon aus der Pfanne nehmen und auf einem mit Küchenpapier ausgelegten Teller abkühlen lassen. Dann in feine Stücke hacken.
3. Das Fett aus der Pfanne etwas abkühlen lassen, dann durch ein Sieb geben und mit so viel Öl aufgießen, dass die Gesamtmenge 60 ml ergibt.
4. Haferflocken in einer Schüssel mit Kürbiskernen und Sonnenblumenkernen mischen. Bacon-Fett, Bacon, Ahornsirup, Honig, Rosmarin, Salz und Pfeffer zugeben und alles gut vermischen.
5. Auf einem mit Backpapier ausgelegten Blech verteilen und im Ofen 30 bis 35 Minuten backen. Dabei das Granola alle 10 Minuten gut durchrühren und das Blech eventuell um 180 Grad drehen, damit alles gleichmäßig geröstet wird. Nicht anbrennen lassen!
6. Granola aus dem Ofen nehmen, komplett abkühlen lassen und mit Rosinen und Cranberries mischen.
7. Granola in einem Schraubglas trocken lagern.

Tipp: Das Lumberjack Granola hält sich bei Zimmertemperatur ca. 2 Wochen. Für längere Lagerung empfehle ich, das Schraubglas in den Kühlschrank zu stellen. Für eine Lagerung über Monate hinweg kann man es ganz einfach portionsweise in mehreren kleinen Gefrierbeuteln einfrieren. Dabei darauf achten, möglichst die gesamte Luft aus dem Beutel zu lassen. Granola über Nacht auftauen lassen und zum Frühstück genießen.

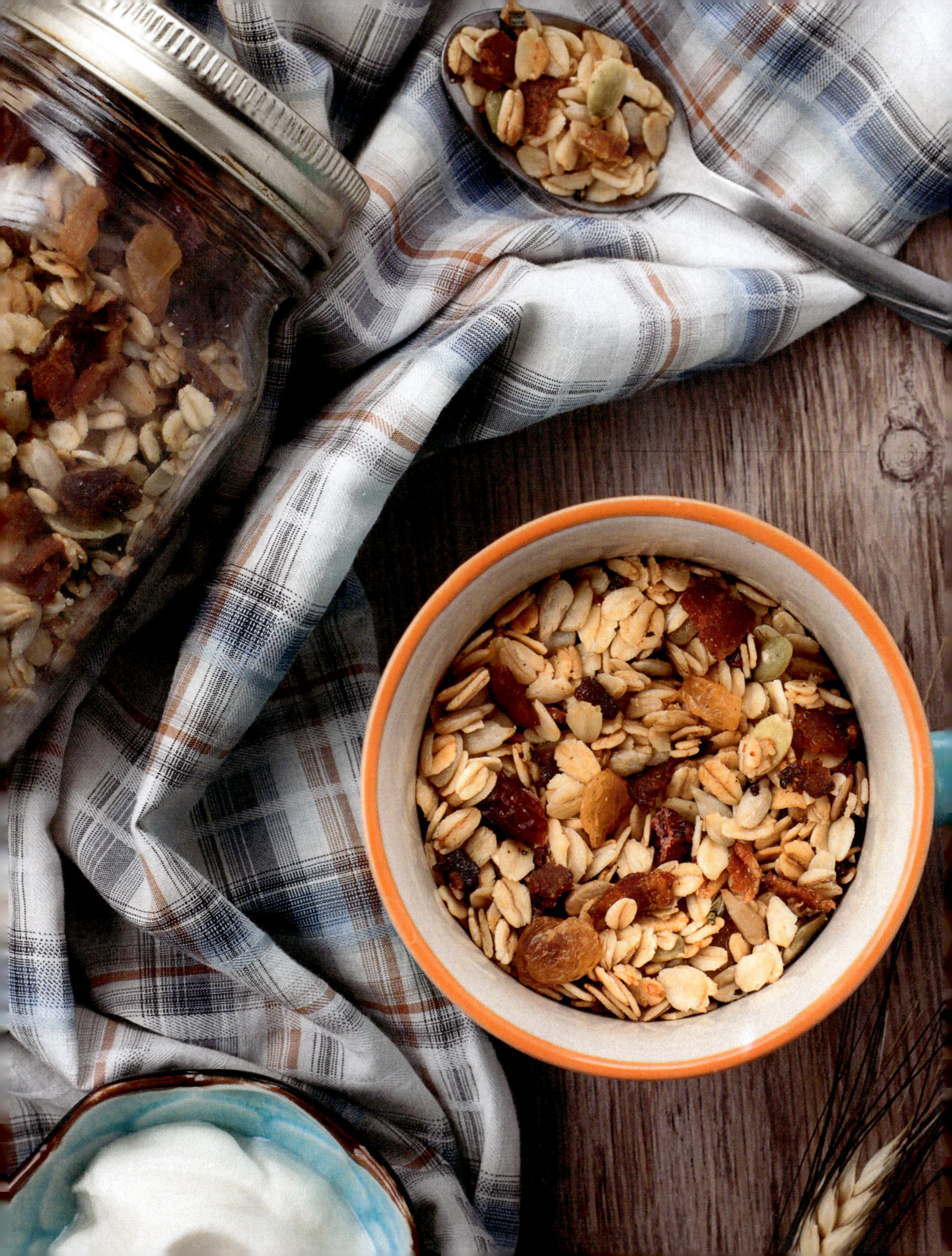

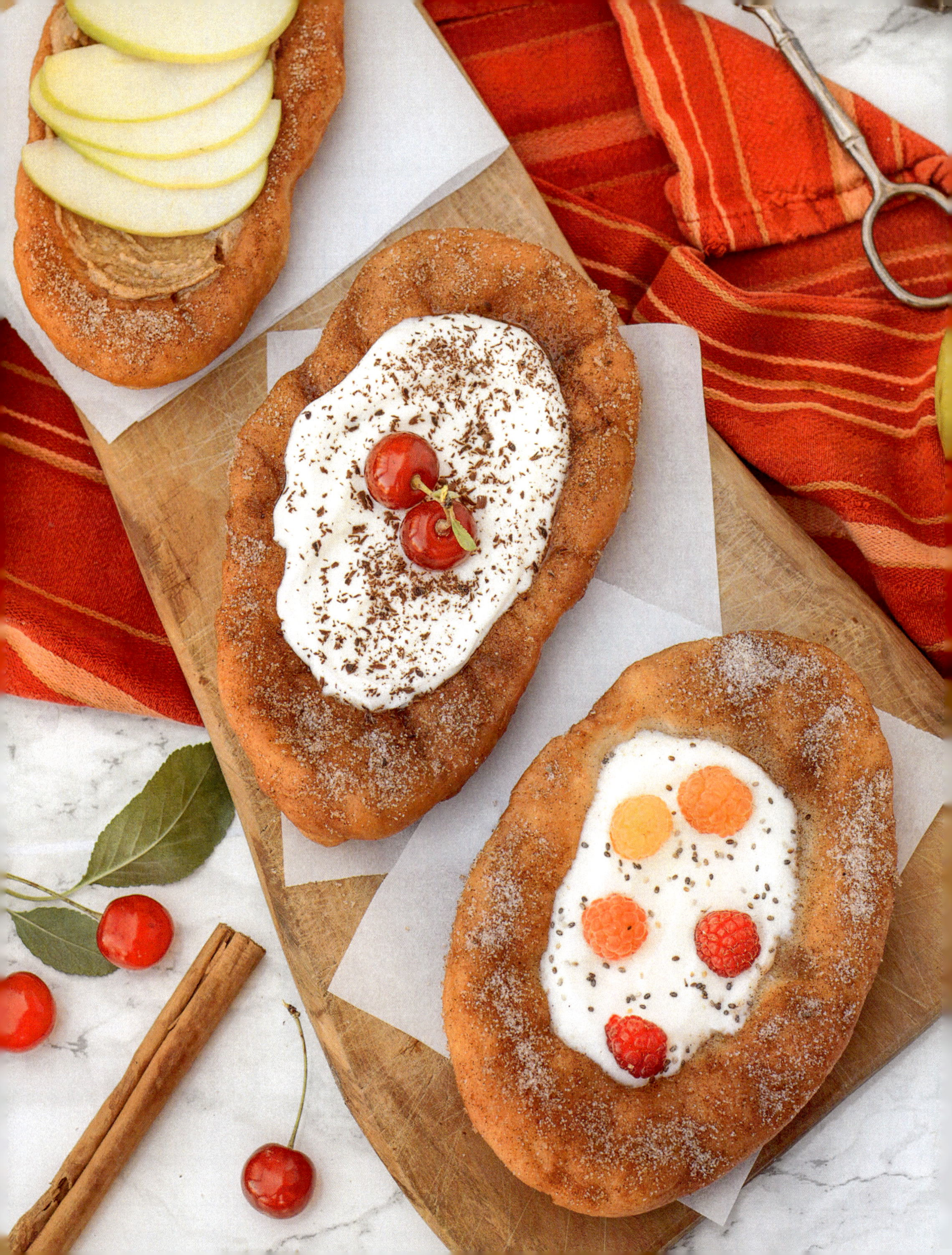

Biberschwänze – die kanadischen Doughnuts

Kein kanadisches Straßenfest oder Festival ist komplett ohne den *beaver tail*, eine Art National-Doughnut in Form eines Biberschwanzes. Am besten schmeckt uns der Streetfood-Klassiker tatsächlich unter freiem Himmel. Die Mulde in der Mitte lädt gerade dazu ein, die in Zimtzucker gewälzten Küchlein mit allerlei Toppings aufzupeppen. Der Fantasie sind hier keine Grenzen gesetzt. Meine Lieblingstoppings liste ich unten auf.

Für 10 Beaver Tails

Zutaten

Für den Teig:
180 ml Vollmilch
350 g Mehl (nach Bedarf bis zu 50 g mehr)
10 g Trockenhefe
2 EL Zucker
½ TL Salz
1 Ei (L), auf Zimmertemperatur
1 TL Vanilleextrakt
2 EL weiche Butter oder Bacon-Fett

Außerdem:
1 l Pflanzenöl zum Frittieren
nach Belieben Zimtzucker

Mögliche Toppings
Sahne, Kirschen, dunkle geraspelte Schokolade

Griechischer Joghurt, Himbeeren und Chia-Samen

Ednussbutter, Apfelspalten und Zimt

Zubereitung

1. Die Milch in einem kleinen Topf oder in der Mikrowelle erhitzen, bis sie lauwarm ist.
2. In einer großen Schüssel 350 g Mehl mit Hefe und Zucker vermischen. Salz zugeben. Milch mit dem Ei und der Vanille verquirlen und diese Mischung zu den trockenen Zutaten geben.
3. Mit dem Standmixer oder dem Handrührgerät mit Knethakenaufsatz alles für 2 Minuten verrühren, dann Butter oder Bacon-Fett zugeben und Teig ca. 10 Minuten zu einem geschmeidigen Teig kneten lassen. Wenn der Teig zu weich ist, mehr Mehl zugeben, bis ein geschmeidiger, elastischer, aber doch formbarer Teig entsteht.
4. Teig zu einem Ball formen. Teigschüssel mit etwas Öl bepinseln und den Teig darin mit einem sauberen Küchenhandtuch bedeckt an einem warmen Ort 1 bis 1,5 h gehen lassen, bis sich sein Volumen verdoppelt hat. Der Teig kann alternativ auch über Nacht bzw. bis zu 12 Stunden im Kühlschrank gehen.
5. Zwei Bleche mit Backpapier auslegen. Sobald der Teig sich verdoppelt hat, aus der Schüssel nehmen, durchkneten und in 10 gleich große Teigportionen teilen. Jede Teigportion mit einem Nudelholz zu einem Oval von etwa 7 mm Durchmesser ausrollen und auf das Blech geben. Die fertig geformten Biberschwänze mit einem Handtuch bedecken, mit einem scharfen Messer rautenförmig einschneiden und 30 Minuten gehen lassen.
6. Einstweilen die Toppings vorbereiten und in einem großen Topf das Öl auf 175 Grad erhitzen. Zimtzucker in einem flachen Teller neben dem Herd bereitstellen.
7. Sobald das Öl heiß ist, die Teiglinge pro Seite ca. 2 Minuten ausbacken bzw. bis sie goldbraun sind. Mit der Schaumkelle aus dem Öl nehmen, abtropfen lassen und noch warm in Zimtzucker wenden. Auf mit Küchenpapier ausgelegten Tellern leicht abkühlen lassen und am besten noch lauwarm mit den Toppings servieren.

Ginger Beef – der Take-Out-Hit

Süß, sauer, salzig, knusprig und dennoch zart - Ginger Beef macht einfach Spaß! Die Menge an Knoblauch und Ingwer, die hier verwendet wird, wirkt auf den ersten Blick einschüchternd, doch im Zusammenspiel mit den restlichen Zutaten kommen die Aromen perfekt durch, ohne unangenehm im Vordergrund zu stehen.

Für 2 Personen

Zutaten

200 g Jasmin Reis

500 ml Pflanzenöl
200 g Reismehl
3 EL Mehl
1 Ei (M)
300 - 350 g Rindfleisch (Rumpsteak), sehr dünn geschnitten
2 EL Pflanzenöl
ein großes Stück Ingwer (ca. 45 bis 50 g), in dünne Stifte geschnitten
5 Knoblauchzehen, gehackt
1 rote und eine grüne Paprika, in feinen Scheiben
1 Karotte, in dünne Stifte geschnitten
2 Stangen Sellerie, in feinen Scheiben
60 ml helle Sojasoße
2 EL dunkle Sojasoße
1 EL chinesischer Reiswein
2 EL Reisessig
1 EL Chiliflocken
60 g Zucker

Zubereitung

1. Reis in einem Sieb gründlich waschen, dann in eine Schüssel mit kaltem Wasser geben und 30 Minuten einweichen lassen. Anschließend Reis in ein Sieb geben und abtropfen lassen, dann mit 350 ml Wasser und ¾ TL Salz in einen Topf geben und auf mittelhoher Hitze zum Kochen bringen. Die Temperatur auf die niedrigste Stufe schalten, den Deckel auflegen und Reis für ca. 11 Minuten köcheln lassen. Nach Ablauf der Kochzeit den Topf einfach beiseitestellen. Den Deckel dabei auf dem Topf lassen.

2. 500 ml Pflanzenöl in einem Topf auf ca. 175 Grad erhitzen. In einer Schüssel Reismehl mit Mehl, dem Ei und 230 ml Wasser vermischen.

3. Rindfleischstreifen in kleinen Portionen erst in diese Panade tauchen, dann kurz in das heiße Öl geben. Die Fleischstreifen sollten dabei lediglich knusprig werden, ohne dabei braun zu werden. Fertig gebratenes Fleisch auf einen vorbereiteten Teller geben.

4. In einer mittelgroßen Pfanne Pflanzenöl auf mittelhoher Stufe erhitzen und Ingwer sowie Knoblauch in die Pfanne geben. Eine Minute anbraten lassen und den Rest des Gemüses hinzufügen. Alles noch eine Minute anbraten lassen, dann beide Arten Sojasoße, Reiswein, Reisessig, Chiliflocken, 120 ml Wasser und Zucker hinzufügen. Alles aufkochen lassen, dann die Temperatur reduzieren und 3 bis 4 Minuten leise köcheln lassen.

5. Das Fleisch zur Soße geben und alles gut durchmischen. Entweder gleich servieren oder das Fleisch noch etwas in der Soße durchziehen lassen.

Tipp: Ginger Beef schmeckt am besten, wenn es Zeit hat, bei Raumtemperatur etwas durchzuziehen.

Das chinesisch-kanadische Gericht wurde in einem China-Restaurant in Calgary erfunden und stieg schnell zum beliebtesten Take-Away-Gericht der ganzen Provinz auf. Und das zu Recht!

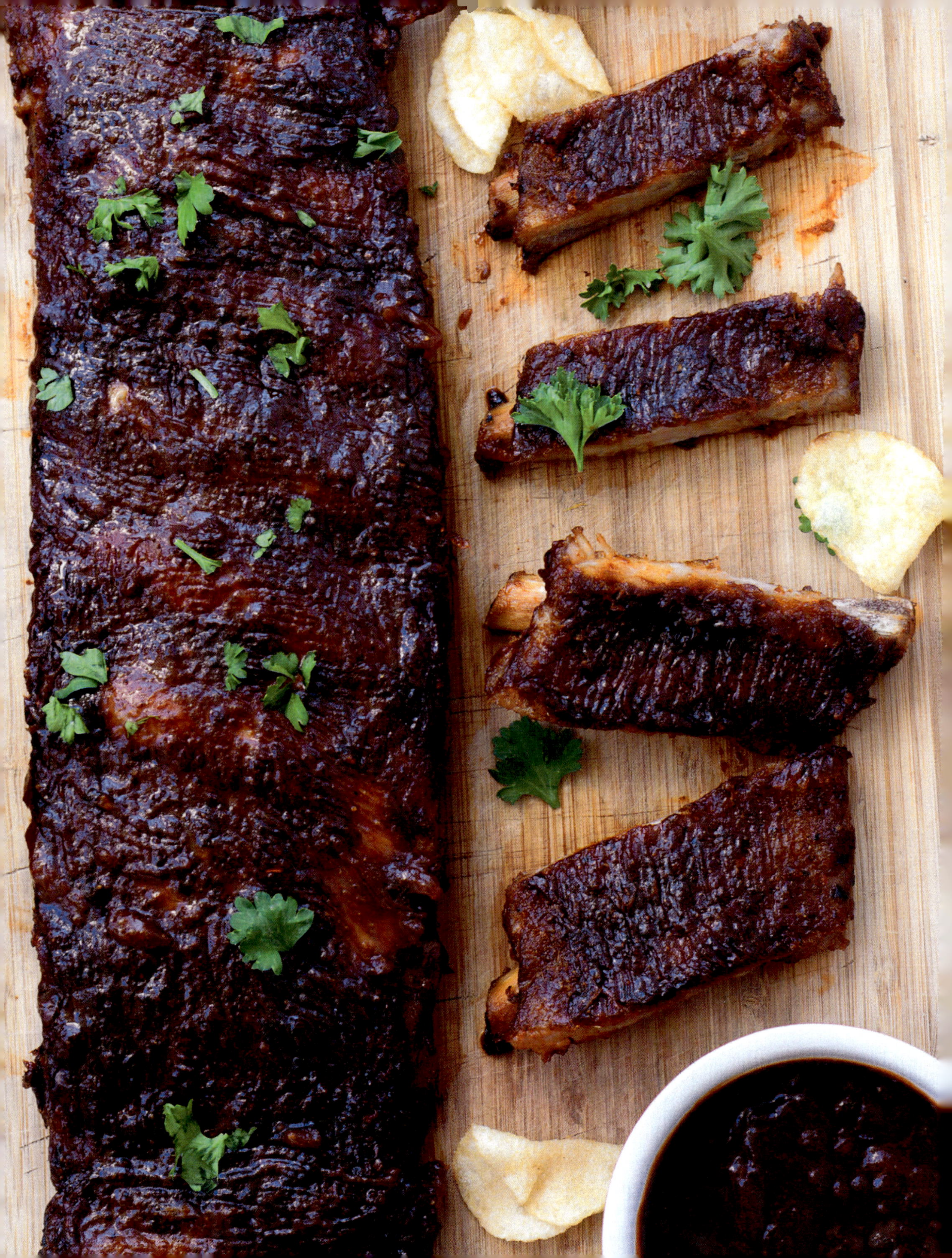

Rauchige BBQ Ribs aus dem Ofen

Im Sommer von Kanadiern eine Einladung zum Essen zu bekommen heißt meist eines: Ribs! Neben dem langen Backen im Ofen kommt es vor allem auf die Gewürze und die selbstgemachte BBQ-Sauce an! Hier mein Geheimrezept für die ultimative Ribolution!

Für 4 Personen

Zutaten

Gewürzmischung:
2 EL gelbe Senfsamen
2 TL Fenchelsamen
2 TL Pfefferkörner
1,5 TL Kreuzkümmelsamen
1 EL Koriandersamen
40 g Paprika, edelsüß
50 g brauner Zucker
30 g Salz
2 EL Knoblauchpulver
1 EL Zwiebelgranulat
1 EL Oregano

2 kg Schweinerippchen (Kotelettrippchen)
1/4 - 1/2 Tl Raucharoma (Flüssigrauch)

Soße:
1 Zwiebel, gerieben
300 ml Ketchup
80 ml Ahornsirup
2 EL Dijon-Senf
30 ml Sojasoße
20 ml Worcestersoße
50 ml Rotweinessig oder Rotwein
2 EL Himbeer-, Kirsch-, oder Hagebutten-Marmelade

Zubereitung

1. Die ersten 5 Zutaten in einer Pfanne ohne Öl auf mittelhoher Stufe ca. 1 bis 2 Minuten rösten, dann in der Gewürzmühle fein mahlen. Mit den übrigen Zutaten für die Gewürzmischung verrühren. 3 EL der Mischung beiseite stellen.
2. Die Silberhaut von den Rippchen entfernen, mit der restlichen Gewürzmischung und etwas Flüssigrauch einreiben.
3. Rippchen gut in Plastikfolie einwickeln und für mindestens 3 bis 4 Stunden, besser über Nacht, in den Kühlschrank geben.
4. Den Ofen auf 120 Grad vorheizen. Eine Backform mit einem Rost auslegen.
5. Die Rippchen aus der Frischhaltefolie nehmen und einzeln in Alufolie wickeln. Rippen entweder auf dem Rost über einer Form ca. 2 Stunden backen.
6. Folie entfernen und Rippchen mit der Fleischseite nach oben weitere 1 bis 1 ½ Stunden backen, bis das Fleisch zart ist.
7. Währenddessen alle Zutaten für die Soße sowie die aufgesparten 3 EL Gewürzmischung in einen Topf geben, verrühren, aufkochen lassen und auf niedriger Stufe ca. 15 bis 20 Minuten einkochen lassen.
8. Die Ofentemperatur auf 260 Grad erhöhen. Rippchen aus dem Ofen nehmen und mit der Sauce bestreichen. Dabei etwas Soße zum Servieren aufsparen. Mit der Fleischseite nach oben 10 Minuten weiter backen, bis die Soße Blasen wirft und die Rippchen wie eine Glasur ummantelt.
9. Ribs aus dem Ofen nehmen, in Stücke teilen und mit der übrigen Soße bestreichen.

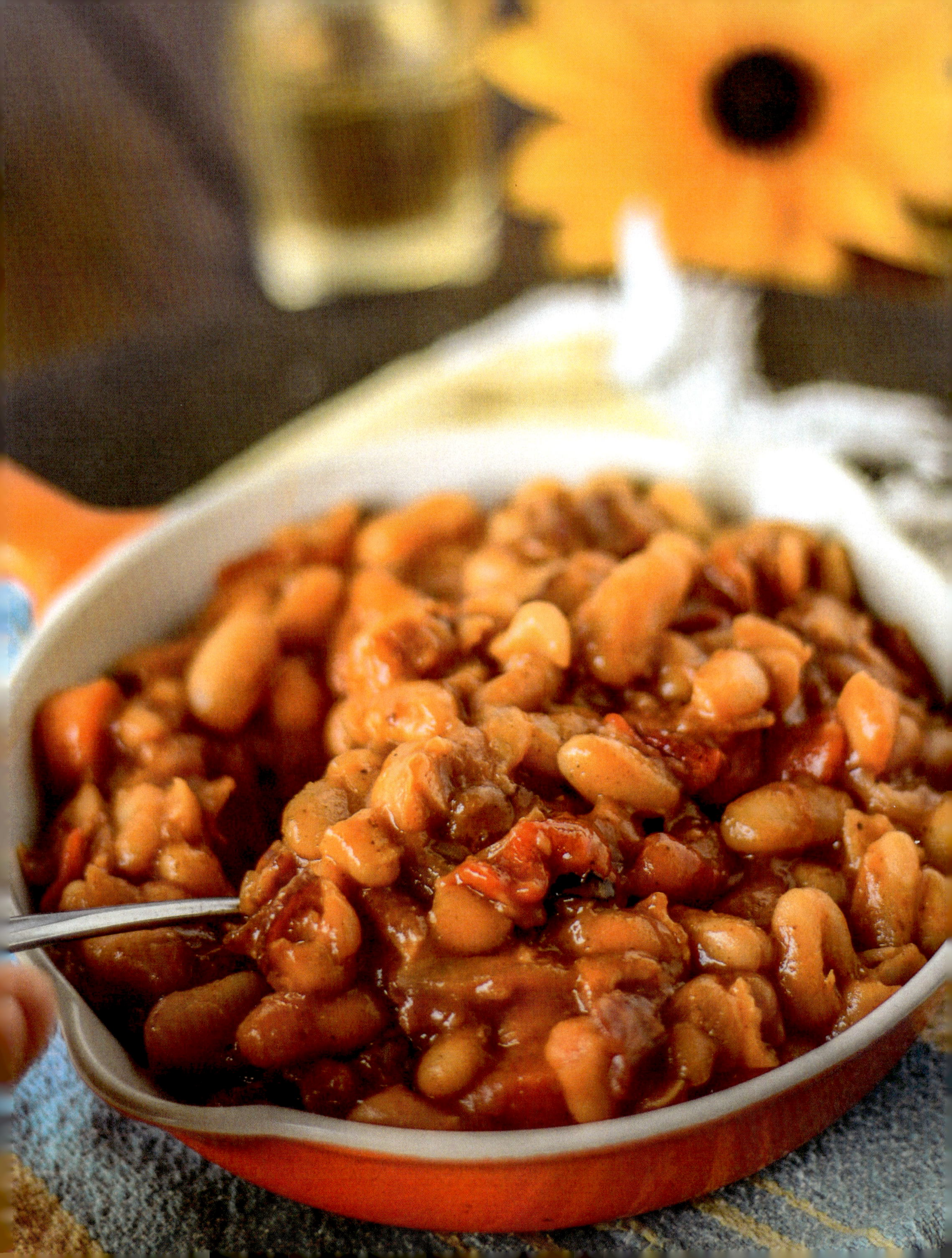

Die weltbesten Baked Beans

Für 6 Personen als Beilage

Steht eine Grillparty an, bin ich immer die Erste, die sich für den Beilagenposten meldet! Denn dann kommt unser Familienrezept für gebackene Bohnen zum Einsatz. Das Geheimnis liegt in dem Zusammenspiel von rauchigem Bacon und der mit Rum und Ahornsirup verfeinerten Soße! Meine Baked Beans sind dabei mehr als nur klassische Beilage für Rippchen, Steak und Co. Mir schmecken die Baked Beans zum Beispiel ganz hervorragend auf die feine englische Art – auf Toast.

Zutaten

250 g Bacon, grob gewürfelt
1 Zwiebel, gewürfelt
1 Karotte, in Scheiben geschnitten
1 rote Paprika, gewürfelt
4 Knoblauchzehen, gehackt
2 Dosen weiße Bohnen
200 ml Rum oder Bourbon
250 ml Ketchup
80 ml Ahornsirup
2 EL Dijon-Senf
2 EL Apfelessig
1 EL Worcestersoße
1,5 TL Salz
½ TL Pfeffer

Zubereitung

1. Den Ofen auf 150 Grad vorheizen.
2. Einen gusseisernen Topf auf mittelhoher Stufe erhitzen und die Bacon-Würfel hineingeben. Die Würfel im eigenen Fett ca. 5 Minuten unter gelegentlichem Rühren anbraten. Zwiebelwürfel, Karotten und Paprika zugeben und etwa 4 Minuten mitbraten lassen. Knoblauch hinzufügen und alles noch eine Minute weiterbraten.
3. Von den Bohnendosen nur eine über einem Sieb abtropfen lassen, dann zu dem Speck geben. Die andere komplett mit Saft in den Topf geben.
4. Alle weiteren Zutaten hinzufügen und alles mit Salz und Pfeffer abschmecken.
5. Die Baked Beans zum Kochen bringen, den Deckel auflegen und den Bräter für 45 Minuten in den Ofen geben. Nach Hälfte der Backzeit einmal durchrühren. Nach Ablauf der 45 Minuten Deckel lüften und die Baked Beans im Rohr noch etwa 30 Minuten weiterbacken lassen, bis die Soße schön andickt.

Tipp: Alternativ können die Bohnen auf dem Herd zubereitet werden. Dazu wie oben verfahren und nach dem ersten Aufkochen die Temperatur reduzieren und die Bohnen etwa 1,5 h köcheln lassen. Dabei gelegentlich Rühren und gegen Ende den Deckel ablegen.

Wildbeeren Salat mit Cheddar, Mais & Maple-Leaf-Dressing

Gerade im Sommer bietet es sich an, traditionelle Zutaten der doch recht deftigen kanadischen Küche in frische, knackige Sommersalate zu integrieren. Dies ist mein Lieblingssalat für die heiße Jahreszeit! Die Kombination von fruchtigen Beeren, buttrigem Cheddar und cremigem Dressing ist eine Offenbarung und macht selbst Fleischwölfe zu Salattigern.

Für 2 Personen

Zutaten

80 g Vollmilchjoghurt
1 EL Dijon-Senf
2 EL Ahornsirup
2 EL Apfelessig
3 EL Olivenöl
Salz, Pfeffer
2 Romana Salatherzen
1/2 Gurke
1 Dose Mais (300 g)
100g Cheddar
250 g gemischte Beeren (Blaubeeren, Himbeeren und Felsenbirne)

Zubereitung

1. Für das Dressing die ersten fünf Zutaten gut miteinander verrühren, mit Salz und Pfeffer abschmecken und bis zum Servieren kühl stellen.
2. Den Salat waschen und in Streifen schneiden. Die Gurke waschen oder schälen und in Scheiben schneiden. Dosenmais in einem Sieb gut abtropfen lassen und den Cheddar mit einer Küchenreibe grob reiben.
3. Auf jedem Teller ein Salatbett aus Romana und Gurken bereiten und mit Mais, Käse und Beeren bestreuen. 4. Die Salatteller mit dem Maple-Joghurt-Dressing besprenkeln und servieren.

Tipp: Der kanadische Wildbeerensalat eignet sich auch hervorragend als Vorspeise für 4 Personen! Dazu reichen wir gerne lieblichen Weißwein.

Pierogi – Grundrezept

Dank des großen polnisch- und ukrainischstämmigen Bevölkerungsanteils in den drei Prärieprovinzen Alberta, Saskatchewan und Manitoba sind diese halbmondförmigen Nudelteigtaschen mittlerweile fast schon zu einem kanadischen Nationalgericht geworden. Die Füllungen wurden mit den Jahren dem kanadischen Gaumen angepasst und variieren je nach Jahreszeit! Die beliebteste herzhafte Variante sind die sogenannten ‚Prairie Pierogi' mit Cheddar und Bacon. Unter den süßen Füllungen sind natürlich Blaubeeren die klaren Favoriten. Bei der Herstellung kann die ganze Familie mithelfen!

Für ca. 30 Pierogi

Zubereitung

1. Mehl und Salz in einer Schüssel vermischen. Die übrigen Zutaten in einem Schüsselchen verrühren, dann dazugeben und mit den Knethaken alles etwa 10 Minuten verkneten, bis ein glatter, geschmeidiger Teig entsteht, der sich in einem Ball vom Rand der Schüssel löst. Bei Bedarf etwas mehr Mehl zufügen.
2. Den Teig kurz mit den Händen durchkneten und zu einer Kugel formen. Pierogiteig in einer Schüssel zugedeckt 30 Minuten bei Raumtemperatur ruhen lassen. Einstweilen die Füllung zubereiten (siehe nächste Seite).
3. Den Teig ausrollen und zu Kreisen von 9 bis 10 cm ausstechen. Jeweils einen gehäuften Teelöffel Füllung in die Mitte der Kreise setzen und den Teig um die Füllung zu einer mondförmigen Teigtasche schließen. Die Ränder dabei gut andrücken und darauf achten, dass kein Teig zwischen die Klebestelle kommt, damit sich die Pierogi beim Kochen nicht wieder öffnen.
4. Nun einen Topf mit Wasser zum Kochen bringen und das Wasser gut salzen. Die Pierogi in den Topf geben und immer wieder mit einem Löffel umrühren, damit sie nicht aneinanderkleben.
5. Die Pierogi 7 bis 8 Minuten kochen lassen und anschließend in einer Pfanne mit reichlich Butter von beiden Seiten anbraten.

Tipp: Je nach Füllung mit saurer Sahne und Röstzwiebeln oder mit Puderzucker bestäubt servieren.

Zutaten

250 g Mehl
1 TL Salz
120 ml warmes Wasser
2 EL Öl
1 Eigelb

Blaubeer-Pierogi mit Zitronenthymian

Für 2 Personen

Zutaten

1 Portion Pierogi Teig (siehe Pierogi-Grundrezept S. 65)
250 g gefrorene wilde kanadische Blaubeeren
5 EL Zucker
1 EL Speisestärke
3 TL frische Zitronenthymianblättchen

Zubereitung

1. Die Blaubeeren mit Zucker, Stärke und Thymianblättchen in einer Schüssel vermischen und die Pierogi mit jeweils 1 EL davon füllen. Die Kochzeit beträgt ca. 7 Minuten.
2. Die Blaubeer-Pierogi schmecken am besten frisch aus der Pfanne mit Puderzucker bestäubt und einem Klecks saurer Sahne.

Prairie Pierogi mit Kartoffel-Bacon-Cheddar Füllung

Zutaten

1 Portion Pierogi Teig (Siehe Pierogi-Grundrezept S. 65)
2 große Kartoffeln, mehlig kochend
1 Zwiebel
250 g Bacon
125 g gut gereifter Cheddar
1/4 TL Muskatnuss, gerieben
Salz, weißer Pfeffer

Zubereitung

1. Die Kartoffeln kochen, schälen und zerstampfen. Die Zwiebel schälen, fein hacken und in der Butter glasig anschwitzen. Beiseitestellen. Den Bacon in einer Pfanne knusprig braten und auf einem mit Küchenpapier ausgelegten Teller abkühlen lassen. Das Fett in der Pfanne aufsparen. Anschließend Bacon in der Küchenmaschine zerkleinern. Den Cheddar grob reiben.
2. Alle Zutaten für die Füllung vermischen und mit Muskat, Salz und Pfeffer abschmecken. Die Pierogi wie oben beschrieben füllen.
3. Die Pierogi ca 8 Minuten lang kochen und anschließend in dem aufgesparten Bacon-Fett goldbraun braten. Mit Röstzwiebeln und saurer Sahne servieren.

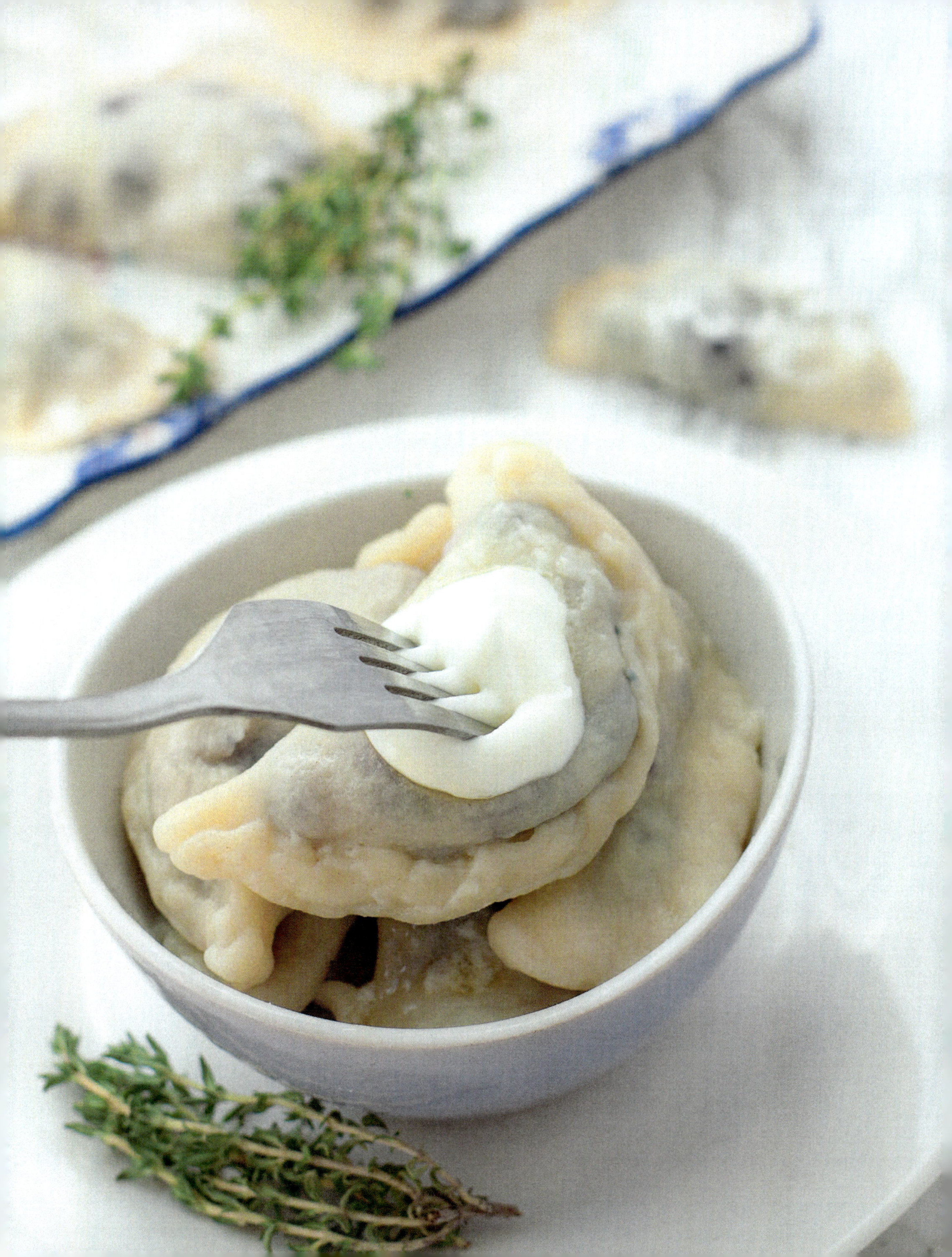

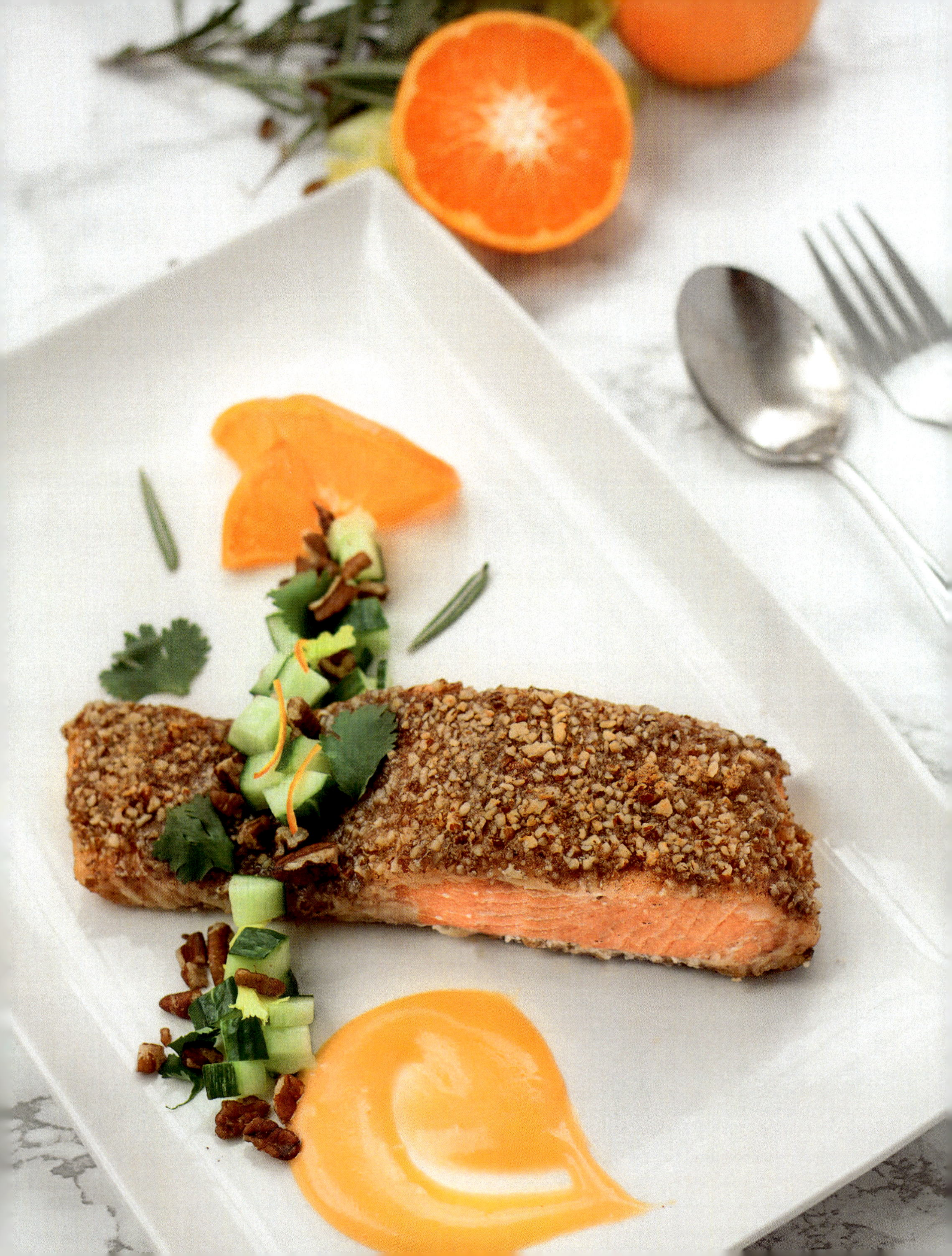

Forellenfilet mit Pekannusskruste & Zitrus-Rosmarin-Soße

Für 2 Personen

Zutaten

2 Orangen
1 Grapefruit
1 TL Butter oder Kokosöl
1 Schalotte, fein gehackt
1 TL frisch geriebener Ingwer
2 EL Honig
200 ml Weißwein
1 Zweig Rosmarin
1 Dose Kokosmilch, über Nacht kühl gestellt
1 TL Speisestärke
2 Forellenfilets, mit Haut
60 g Pekannüsse
100 g Mehl
1 Eiweiß
Salz, Pfeffer
Außerdem:
1 Backblech, Alufolie, Pflanzenöl

Zubereitung

1. Orangen und Grapefruit entsaften.
2. In einem kleinen Topf Butter auf mittlerer Stufe schmelzen. Schalotten zugeben und 3 Minuten dünsten. Ingwer hinzufügen und eine weitere Minute mit anbraten. Honig, Wein und Zitrussaft in den Topf geben und alles aufkochen lassen. Die Temperatur zu einem Köcheln reduzieren und alles ca. 5 Minuten einreduzieren lassen.
3. Rosmarin beifügen und weitere 2 Minuten köcheln lassen. Die gekühlte Dose Kokosmilch öffnen und die gesamte Kokoscreme, die sich oben abgelagert hat, in die Soße rühren. Einen TL Speisestärke mit einem EL der Kokosmilch anrühren und ebenfalls zur Soße geben. Alles kurz unter Rühren zum Köcheln bringen, bis die Soße andickt. Beiseitestellen.
4. Den Ofen auf 200 Grad vorheizen. Ein Blech mit Alufolie auslegen und mit Pflanzenöl bestreichen.
5. Forellenfilets trocken tupfen und gut salzen und pfeffern.
6. Pekannüsse mit ½ EL Mehl und einer großen Prise Salz in der Küchenmaschine grob mahlen. Diese Mischung auf einen Teller geben. Mehl auf einen weiteren flachen Teller geben und die Fischfilets darin wälzen.
7. Fisch mit der Hautseite nach unten auf das Blech geben, mit Eiweiß bestreichen und je die Hälfte der Pekannussmischung auf dem Fisch verteilen.
8. Forellenfilets je nach Dicke 10 bis 12 Minuten backen. Den Ofen auf Grill-Funktion schalten und weitere 2 Minuten backen, bis die Kruste knusprig ist.
9. Den Fisch mit der Soße servieren.

Dazu passt: Gurkensalat, Wildreis oder Süßkartoffelpüree.

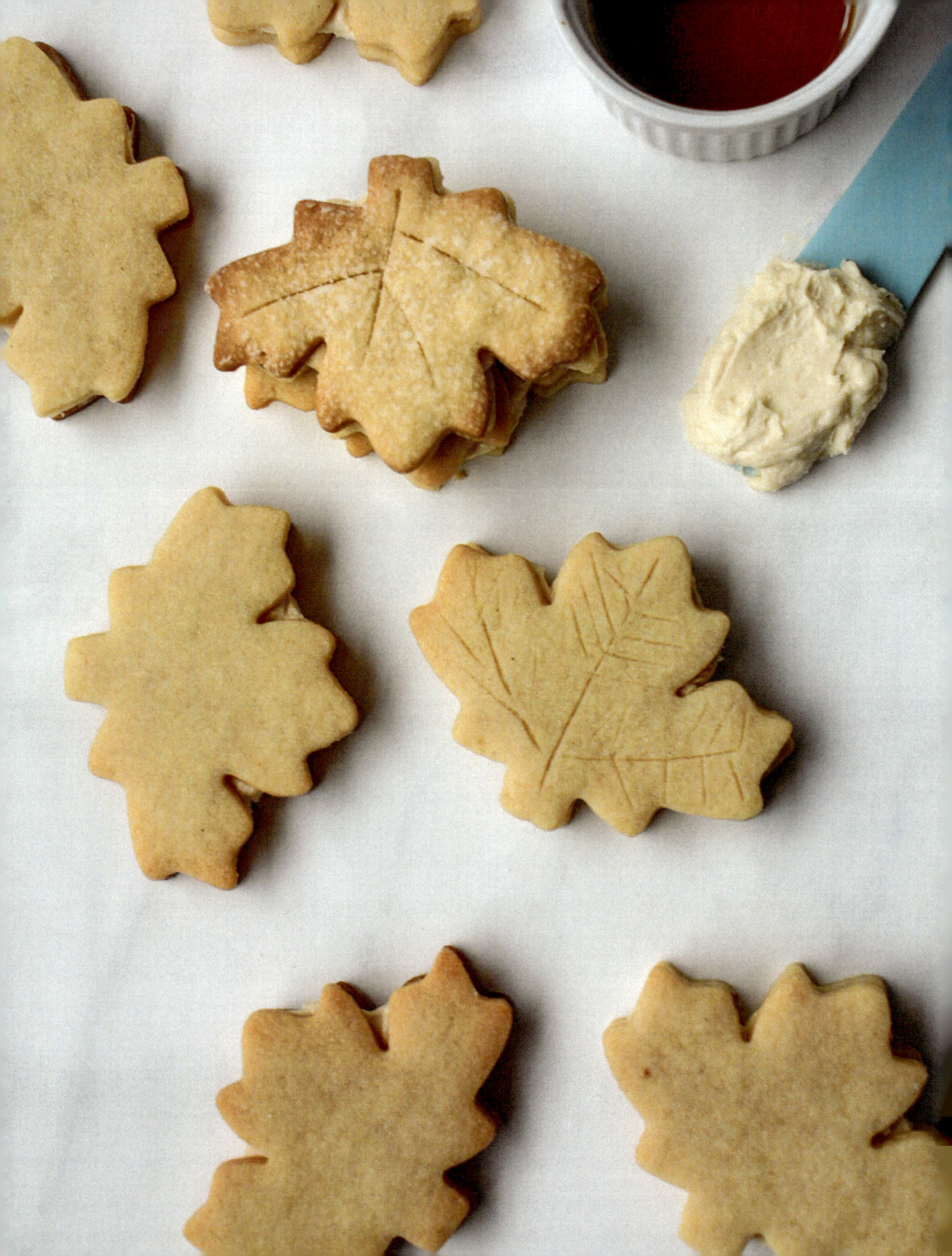

Maple Cream Cookies

Diese himmlisch zarten, mit Ahornsirupcreme gefüllten Kekse gibt es in Kanada in jedem Supermarkt zu kaufen. Selbstgemacht schmecken sie aber einfach am besten! Ihre Hochsaison haben diese köstlichen essbaren Nationalsymbole um den 1. Juli jedes Jahres, denn da wird der kanadische Nationalfeiertag gefeiert.

Für 20 Doppelkekse

Zutaten

Für den Keksteig:

- 225 g Butter, zimmerwarm
- 150 g Zucker
- 120 ml Ahornsirup
- 1 TL Vanilleessenz
- 1 Eigelb
- 375 g Mehl
- 1/2 TL Salz

Für die Füllung

- 120 g Butter
- 200 g Puderzucker
- 4 EL Ahornsirup

Außerdem:
- 1 Ahornblatt-Keksausstecher

Zubereitung

1. Mit dem Hand- oder Standmixer Butter mit Zucker ein paar Minuten hell und cremig aufschlagen, dann Ahornsirup, Vanille und Eigelb unterrühren. Alles eine Minute mixen. Nun Mehl und Salz beifügen und auf mittlerer Stufe ca. 3 Minuten rühren, bis der Teig zusammenkommt.
2. Den Teig zu einer Scheibe oder Kugel formen, in Folie wickeln und über Nacht oder für 6 bis 8 Stunden kühl stellen.
3. Nach Ablauf der Ruhezeit den Ofen auf 180 Grad vorheizen und zwei Bleche vorbereiten.
4. Den Teig in zwei Portionen teilen und eine Hälfte kühl stellen. Die erste Teighälfte ca. 3 mm dünn ausrollen und Plätzchen ausstechen. Die Kekse mit etwas Abstand voneinander auf das Blech legen und für 10 bis 12 Minuten backen, bis sie am Rand ganz leicht braun werden. Mit der 2. Teighälfte ebenso verfahren und die Kekse komplett auskühlen lassen.
5. Für die Füllung die zimmerwarme Butter mit dem Handrührer aufschlagen. Nach und nach den Puderzucker hinzufügen. Zuletzt Ahornsirup unterrühren.
6. Mit einer kleinen Spachtel oder einem Messer nun jeweils einen Keks mit ca. einem Teelöffel Füllung bestreichen und eine weitere Kekshälfte auflegen. Sachte andrücken und mit den restlichen Keksen ebenso verfahren.
7. Die fertigen Cookies sollten in einer Keksdose an einem kühlen Ort gelagert werden. So halten sie sich über eine Woche.

Tipp: Wer möchte, kann die Maple Cookies vor dem Backen mit etwas Zucker bestreuen. Dann werden sie knusprig braun!

Brandy-Kirsch-Brownies

Schokolade, Kirschen und Brandy - eine wahrlich dekadente Kombi, die diese kleinen Schokobomben zu einem Naschspaß für Erwachsene macht! Diese beschwipsten Kirsch- Brownies schmecken am besten mit Sauerkirschen, können aber auch mit Süßkirschen gebacken werden.

Für 9 Brownies

Zutaten

Für die Brandykirschen:
50 g Zucker
40 ml Saft aus dem Kirschglas (bei frischen Kirschen, Brandy)
60 ml Brandy
150 g Sauerkirschen, frisch oder aus dem Glas, abgetropft

Für den Teig:
140 g Butter
200 g Zucker
65 g Backkakao
eine große Prise Salz
1 TL Vanille Extrakt
2 Eier (L)
70 g Mehl

Zubereitung

1. Zucker in einen mittelgroßen Topf oder eine Pfanne mit schwerem Boden geben und ohne zu rühren auf mittelhoher Stufe goldbraun karamellisieren lassen. Mit Kirschsaft und Brandy ablöschen, aufkochen lassen, durchrühren und die Hitze zu einem leisen Köcheln reduzieren. Mischung etwa 5 bis 6 Minuten köcheln lassen, sodass sich der Zucker auflöst und die Soße leicht einreduziert.
2. Die Kirschen in die heiße Brandysoße geben. Alles 2 Minuten weiterköcheln, dann Herd ausschalten und Kirschen ca. 2 Stunden in der Brandyreduktion ziehen lassen.
3. Den Ofen auf 180 Grad vorheizen. Eine 20 x 20 cm große Backform mit Backpapier auslegen.
4. Butter, Zucker, Kakao und Salz unter gelegentlichem Rühren in einer Schüssel über einem heißen Wasserbad schmelzen.
5. Wenn die Mischung fast schon heiß erscheint, alles mit einem Schneebesen glatt rühren und vom Wasserbad nehmen. Die Mischung sieht zunächst aus, als wäre sie geronnen, das gibt sich aber. Kurz abkühlen lassen, bis die Masse nur noch warm ist, dann die Vanille mit einem Kochlöffel einrühren. Die beiden Eier nacheinander dazugeben und dabei nach jedem Ei kräftig rühren.

6. Sobald der Teig glänzend und glatt erscheint, das Mehl einrühren und mit dem Kochlöffel den Teig etliche Male kräftig durchrühren. Den Teig in die Form geben und glatt streichen.

7. Die Kirschen nun leicht in den Brownieteig drücken. Die dickliche Soße, die sich um die Kirschen gesammelt hat, aufsparen. Brownies ca. 20 bis 25 Min. bzw. bis ein in die Mitte eingeführter Zahnstocher nur mit ein paar feuchten Krumen herauskommt, backen. Brownie noch warm mit der Brandysoße bestreichen und vor dem Anschneiden komplett auskühlen lassen.

Okanagan-Summer-Sangria

Das Okanagan Valley, eine Region im Süden von British Columbia, ist landesweit für seine ertragreichen Weinberge und prächtigen Obstplantagen bekannt. Meine kanadische Version des spanischen Klassikers Sangria mit heimischen Früchten ist eine Liebeserklärung an dieses wunderschöne Fleckchen Erde.
Das Himbeerpüree und Cranberrysaft machen diese Sangria besonders frisch und fruchtig!

Für 4 - 6 Gläser / eine Karaffe

Zubereitung

1. Die Äpfel waschen, das Kerngehäuse entfernen und in Spalten schneiden. Die Zitrone und Limette in Scheiben schneiden.
2. Alle Früchte in eine Karaffe geben und mit Zucker bestreuen. Den Triple Sec und Brandy auf die Früchte geben und etwa 30 Minuten ziehen lassen.
3. Mit den restlichen Zutaten aufgießen, umrühren und Eiswürfel hinzufügen.
4. Eiskalt servieren und genießen!

Tipp: Die frischen Früchte können nach Belieben variiert werden. Auch Pfirsiche, Ananas und Orangen schmecken in dieser Sangria hervorragend!

Zutaten

2 Äpfel
1 Limette
1 Zitrone
200 g Himbeeren
50 g Zucker
60 ml Triple Sec
60 ml Brandy
60 ml Himbeerpüree
500 ml Rotwein
500 ml Cranberry Saft
20 ml Zitronensaft
20 ml Limettensaft
Eiswürfel

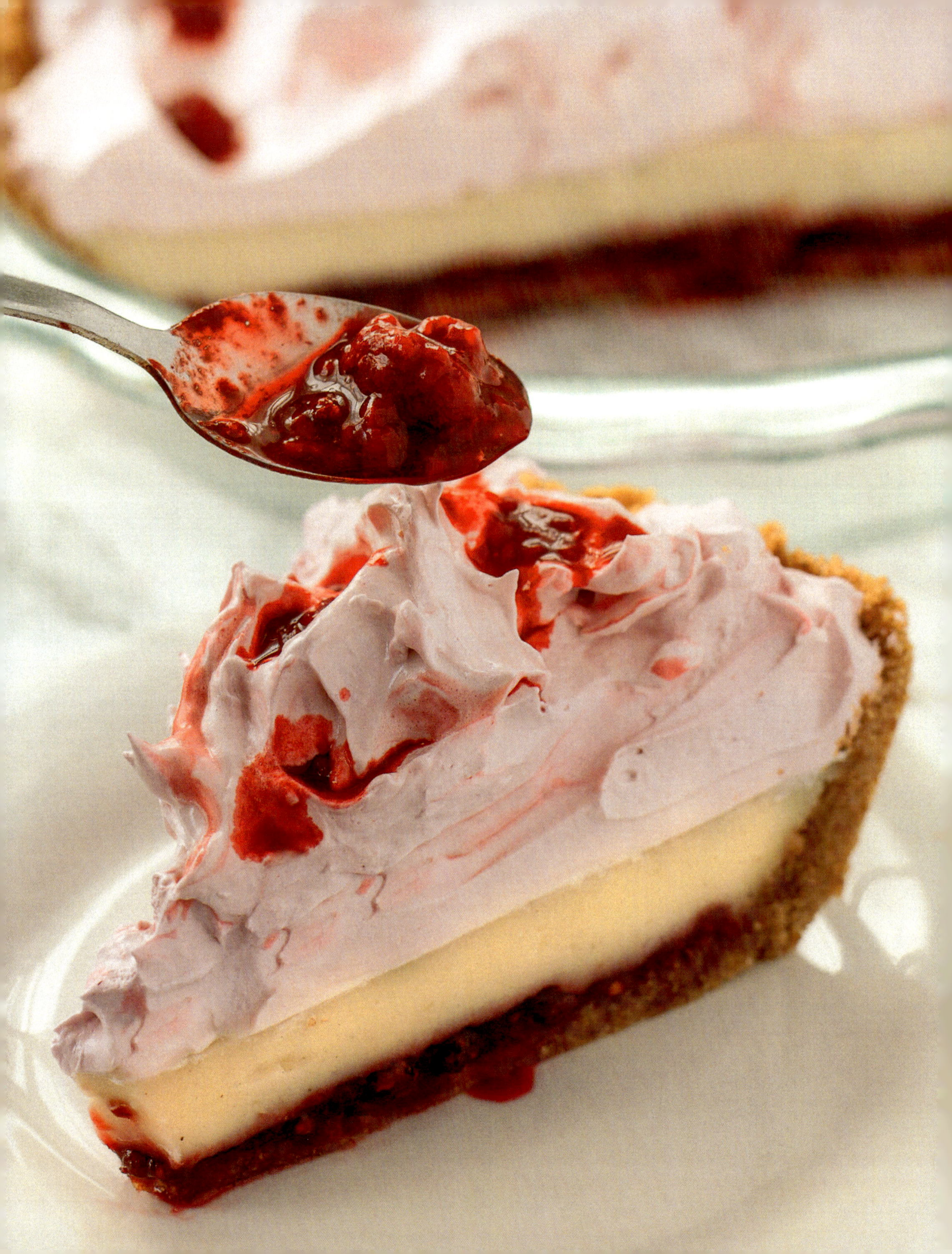

Pink Flapper Pie

Diesen Pie aus Keksen, Vanillecreme und Meringue-Topping findet man ausschließlich in den Prärie-Provinzen Kanadas. Meine pinke Version mit Erdnussbutter, Himbeerkern und Himbeer-Marshmallow-Topping ist eine fruchtige Sommer-Variante.

Für eine 24 cm Pie Form

Zutaten

Für den Boden
- 200 g Kekse
- 70 g Zucker
- 1/4 TL Salz
- 120 g Butter
- 2 EL Erdnussbutter (30g)

Für den Himbeer-Kern
- 150 g Himbeeren
- 200 g Himbeermarmelade

Für die Creme
- 1 Vanilleschote
- 80 g Zucker
- 35 g Speisestärke
- 300 ml Milch
- 300 ml Sahne
- 3 Eigelb
- 1 Prise Salz

Für das Topping
- 150 g Himbeeren
- 180 g Zucker + 30g
- 3 Eiweiß
- 1/4 TL Weinstein-Backpulver

Zubereitung

1. Die Kekse in der Küchenmaschine fein mahlen und mit Zucker und Salz mischen. Butter und Erdnussbutter in eine kleine Schüssel geben und kurz zusammen in der Mikrowelle erwärmen. Mit einer Gabel glatt rühren und zu den Keksen geben. Alles gut vermengen, bis die Kekskrümel feuchtem Sand gleichen. Diese Mischung in die Form geben, auf dem Boden verteilen und den Rand hochdrücken. Mithilfe des Bodens eines Glases oder einer Tasse die Krümel fest auf den Boden und gegen den Rand der Form drücken. Im Ofen 8 Minuten backen. Aus dem Ofen nehmen und auskühlen lassen.

2. Himbeeren und Marmelade in einen mittelgroßen Topf geben und auf mittelhoher Stufe zum Kochen bringen. Die Temperatur reduzieren und ca. 10 Minuten bei gelegentlichem Rühren einkochen lassen. Auf dem vorgebackenen Teig verteilen und kühl stellen.

3. Vanilleschote längs halbieren und das Mark herauskratzen. Vanillemark, ausgekratzte Schote, Zucker und Speisestärke in einen mittelgroßen Topf geben. Milch und Sahne unter Rühren zugeben. Alles auf mittelhoher Stufe unter Rühren erhitzen, bis die Creme Blasen wirft und andickt. Von der Hitze nehmen. Eigelbe in einer Schale verquirlen und 7 bis 8 EL der heißen Creme in die Eigelbe rühren. Eigelbmasse zu der Creme im Topf geben und alles unter Rühren ca. 2 Minuten erhitzen. Vanilleschote entfernen und Creme über einen Löffelrücken in die Form gießen.

4. Für das Topping Himbeeren mit 15 g Zucker aufkochen lassen. Mit der Gabel zu Brei zerdrücken und durch ein Sieb geben. Von dem Himbeersaft 75 ml abmessen und mit 180 g Zucker in einen Topf geben. Unter gelegentlichem Rühren auf hoher Stufe auf 118 Grad erhitzen. Sobald der Sirup 100 Grad erreicht hat, die Eiklar mit 15 g Zucker und Weinstein-Backpulver schlagen, bis das Eiweiß weiche Spitzen formt. Die Geschwindigkeit des Handmixers auf die höchste Stufe schalten und langsam den heißen Sirup einlaufen lassen. Alles 3 bis 4 Minuten schlagen, bis eine glänzende, steife Masse entsteht.

5. Topping sofort auf dem Pie verteilen und servieren.

Blueberry Grunt

Fluffige Zitronen-Nocken gegart in einer dick eingekochten Blaubeersoße. Das perfekte Sommer-Gericht, denn hier muss nicht einmal der Ofen angeschmissen werden. Alles, was man für dieses traditionelle Rezept aus Nova Scotia benötigt, ist ein Topf mit passendem Deckel. Blueberry Grunt schmeckt besonders gut mit Vanillesoße oder Eiscreme und kann sowohl als Dessert als auch als süßer Hauptgang serviert werden.

Für 4 Personen

Zutaten

- 1 Zitrone, davon Saft und Schale
- 600 g Blaubeeren TK oder frisch
- 165 g Zucker
- 80 ml Wasser
- ¼ TL Kardamom
- ¼ TL Zimt
- 50 g Zucker
- 100 g Milch
- 120 g saure Sahne
- 1 EL Vanille-Essenz
- 260 g Mehl
- 2 TL Backpulver
- 1/2 TL Salz
- 30 g Butter, eiskalt

Zubereitung

1. Zitronenschale direkt in den Zucker raspeln und mit den Fingern in den Zucker reiben, damit dieser aromatisiert wird.
2. Blaubeeren, 165 g Zucker und Wasser in einen mittleren Topf geben und alles zum Kochen bringen. Hitze reduzieren und einkochen lassen, bis die Konsistenz einer Marmelade gleicht (ca. 30 bis 45 Minuten). Kardamom, Zimt und den Saft einer Zitrone einrühren und Topf von der Hitze nehmen.
3. Milch, saure Sahne und Vanille verrühren. Mehl, Zitronenzucker, Backpulver und Salz separat vermischen. Butter mit der Küchenreibe in die trockene Mischung reiben und alles kurz vermischen. Alternativ kurz im Foodprocessor mischen. Flüssige Mischung zugeben und alles rasch zu einem Teig verarbeiten, der gerade so zusammenkommt. Nicht zu lange rühren, sonst werden die Nocken fest.
4. Je einen gehäuften EL Teig zu einem Bällchen formen und auf die Blaubeermasse legen. Fortfahren, bis der Teig aufgebraucht ist. Topf auf mittlere Hitze stellen und den Deckel auflegen.
5. Die Nocken ca. 14 Minuten in der Blaubeersoße simmern lassen. Darauf achten, auf keinen Fall den Deckel anzuheben.
6. Blueberry Grunt mit Eiscreme oder saurer Sahne servieren.

Info: Blueberry Grunt ist eines der ältesten überlieferten kanadischen Rezepte. Es geht auf die ersten englischen Einwanderer zurück, die versuchten, mit einfachstem Equipment den klassischen englischen *steamed pudding* nachzukochen. „Grunt" ist übrigens das englische Wort für „grunzen" und bezieht sich auf die Geräusche, die die Nocken beim Kochen in der Soße von sich geben. Ich könnte mir aber auch vorstellen, dass das Grunzen eher den zufriedenen Essern entweichen dürfte, die sich nach diesem doch recht sättigenden Dessert den Bauch halten.

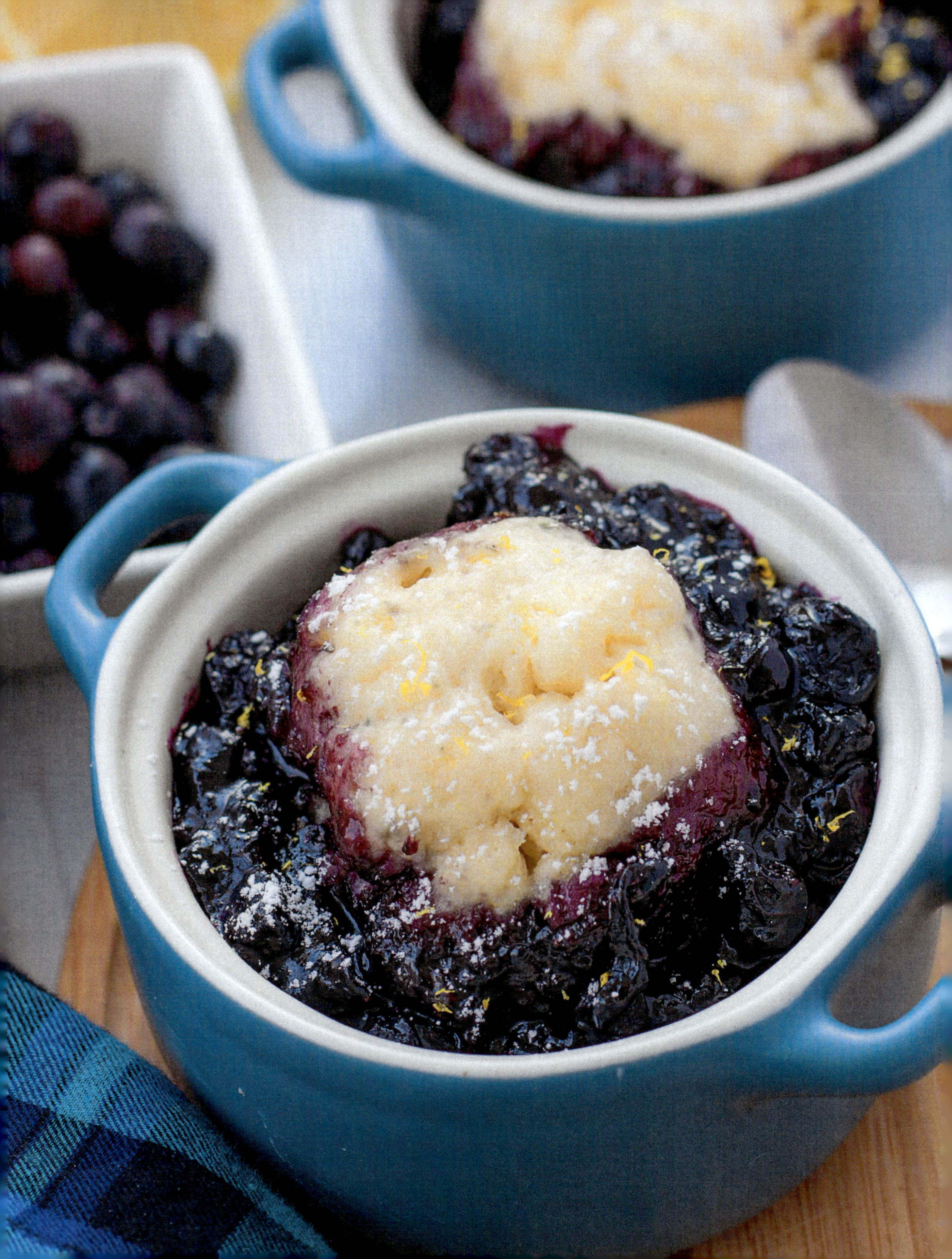

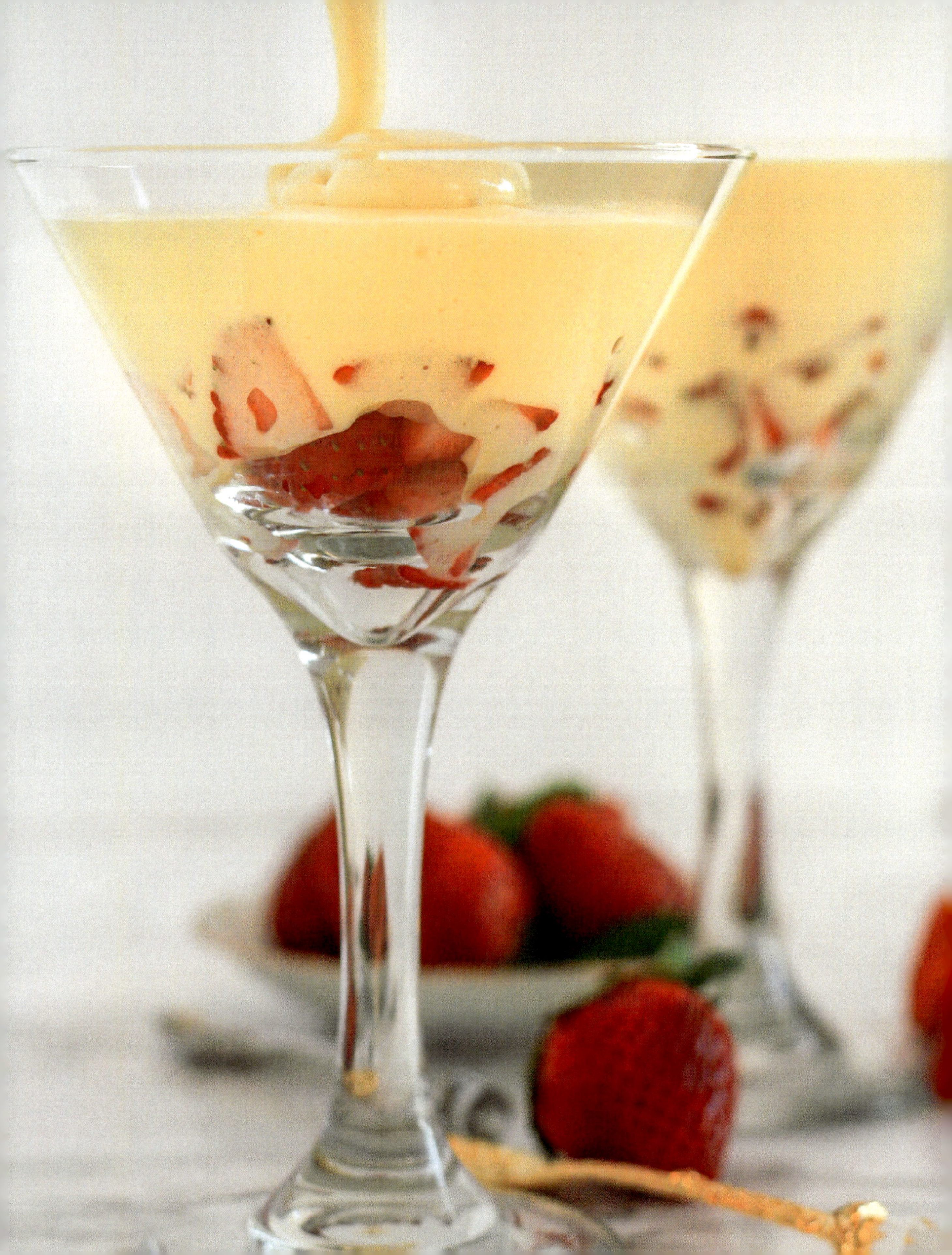

Eiswein-Zabaione mit frischen Erdbeeren

Für 2-3 Portionen

Dieses italo-kanadische Dessert ist inspiriert von der modernen Fusionsküche Ontarios, Hauptanbaugebiet des kanadischen Eisweins. Das süße und fruchtige Aroma der Erdbeere harmoniert einfach perfekt mit dem lieblichen Eiswein. Der perfekte Abschluss für ein elegantes, sommerliches Dinner!

Zutaten

- 200 g Erdbeeren
- 2 EL Zucker
- 4 Eigelb
- 50 g Zucker
- 60 ml Eiswein
- 1 Prise Salz

Zubereitung

1. Erdbeeren waschen, vom Stielansatz befreien und in kleine Stücke schneiden. Erdbeerstücke in einer Schüssel mit 2 EL Zucker mischen, mit Folie bedecken und kühl stellen.
2. Einen Topf zu etwa ¼ mit Wasser füllen und auf mittlerer Stufe erhitzen.
3. In einer hitzebeständigen Schüssel (z. B. Metall- oder Glasschüssel) mit dem Handmixer oder dem Schneebesen Eigelbe und Zucker schaumig schlagen. Den Eiswein einfließen lassen, Salz hinzufügen und alles vermischen.
4. Die Creme über dem vorbereiteten Wasserbad schlagen, bis sie dicklich, schaumig und blass ist. Das Wasser im Topf sollte nicht kochen, lediglich sieden und es sollte den Boden der Schüssel nicht berühren. Zabaione zum Abkühlen vom Wasserbad nehmen und weiterschlagen, bis sie etwas abkühlt ist.
5. Erdbeeren samt der entstandenen Soße auf 2 bis 3 Gläser verteilen und mit der Zabaione bedecken. Sofort servieren.

Tipp: Die Zabaione sollte möglichst sofort verzehrt werden, da sie sonst zusammenfällt. Wer das Dessert stabilisieren möchte, sollte die fertige Zabaione über einem Eisbad kalt schlagen und anschließend etwa 150 ml steif geschlagene, leicht gesüßte Sahne unterrühren.

Ich verwende für mein Rezept Eiswein aus dem Niagara-Tal. Wer keinen kanadischen Eiswein findet, kann natürlich auf eine deutsche Marke zurückgreifen.

Nur die starren Äste brechen
im Sturm.

Kanadisches Sprichwort

Herbst

Mapleccino

Köstlicher Cappuccino mit Ahornsirup - verfeinert mit einem Hauch Zimt und Vanille! Das perfekte Heißgetränk für gemütliche Herbsttage. Das i-Tüpfelchen: ein Stückchen Fudge dazu!

Für 1 Tasse

Zutaten

- 1 EL Ahornsirup
- 120 ml Espresso
- 1/2 TL Vanille-Extrakt
- 1 Prise Zimt
- 200 ml Milch (alternativ: Mandel- oder Cashew-Milch)

Zubereitung

1. Ahornsirup in eine hohe Kaffeetasse geben, den Espresso dazugeben und Vanille und Zimt hinzufügen. Kurz umrühren. Alternativ kann Vanille und Zimt auch in die Milch gemischt werden, bevor diese aufgeschäumt wird.
2. Die Milch in einem Milchaufschäumer aufschäumen und in einem Schwung in die Tasse gießen. Nach Belieben mit etwas Kakao oder Zimt bestäuben und heiß genießen.

Tipp: Die Konsistenz des Milchschaums hängt vom Fettgehalt der Milch ab. Vollmilch sorgt für einen cremigen, dichten Schaum. Der Schaum von teilweise entrahmter Mandel- oder Cashewmilch ist weniger dicht. Komplett entrahmte Milch löst sich relativ schnell auf. Für einen perfekten Milchschaum auf eurem Mapleccino empfehle ich frische Vollmilch.

Mapleccino Fudge

Jeder Bissen dieses cremigen Konfekts schmeckt wie ein Schluck Milchkaffee. Wer möchte, kann das Fudge noch mit Rumrosinen oder Nüssen aufpeppen!

Für ca. 36 Stück

Zutaten

- 2 TL Instant Espresso-Pulver
- 2 TL heißes Wasser
- 125 ml gesüßte Kondensmilch
- 350 g weiße Schokolade
- 1 Prise Salz
- etliche Tropfen Ahorn-Backaroma

Zubereitung

1. In einer kleinen Schüssel Espresso-Pulver und heißes Wasser verrühren, bis das Pulver sich komplett aufgelöst hat.
2. In einer hitzebeständigen Metallschüssel Kaffee mit Kondensmilch, Schokolade, Salz und Ahorn-Aroma verrühren und über ein heißes Wasserbad stellen. Darauf achten, dass das Wasser nicht kocht, und dass der Boden der Schüssel nicht das Wasser berührt. Mischung unter Rühren erhitzen, bis eine glatte und geschmeidige Creme entsteht.
3. Masse in eine mit Frischhaltefolie ausgelegte 20 x 20 cm große quadratische Form geben und glatt streichen.
4. Mapleccino Fudge für mindestens 4 Stunden, besser aber über Nacht im Kühlschrank fest werden lassen.
5. Fudge mit einem scharfen Messer in kleine Quadrate schneiden.

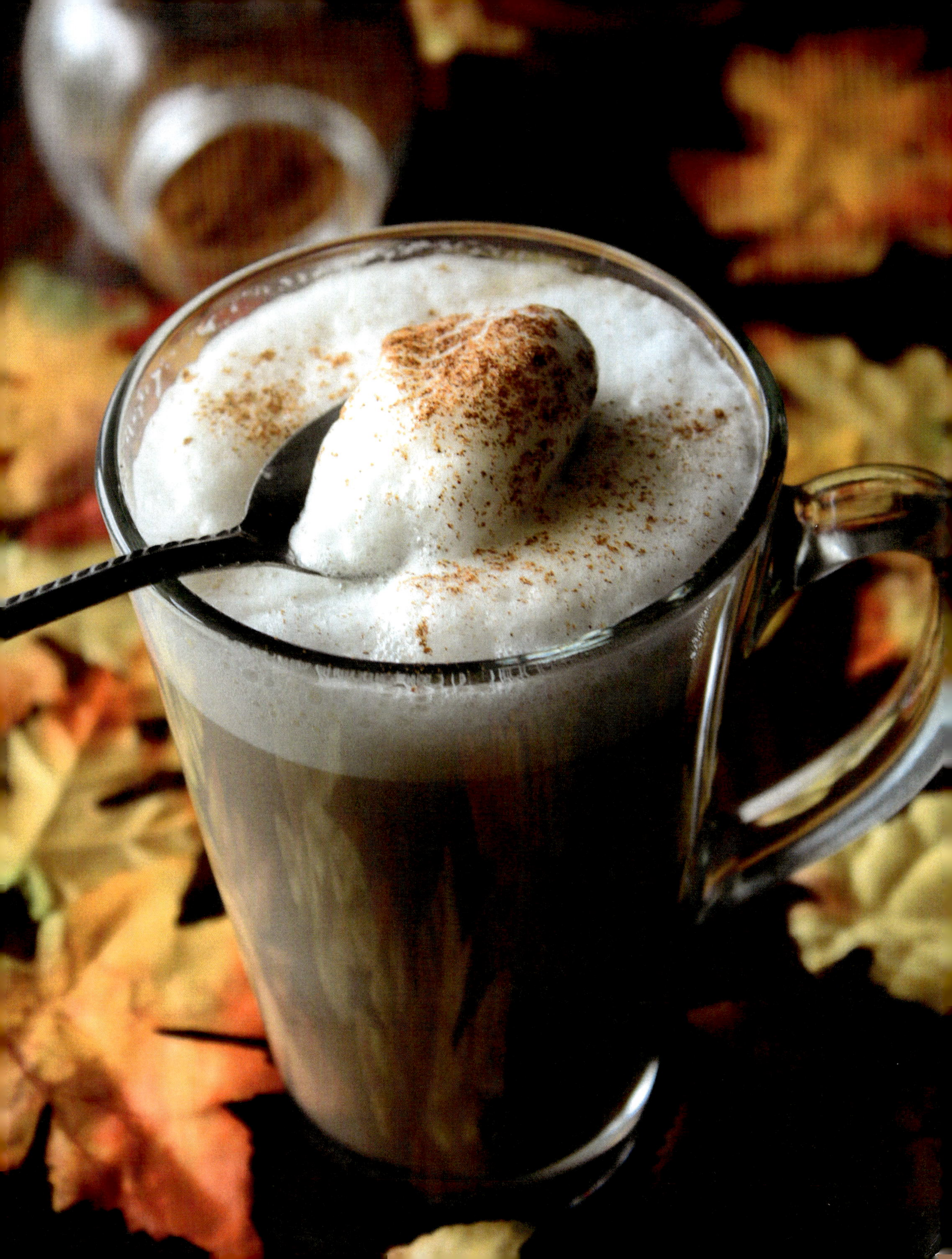

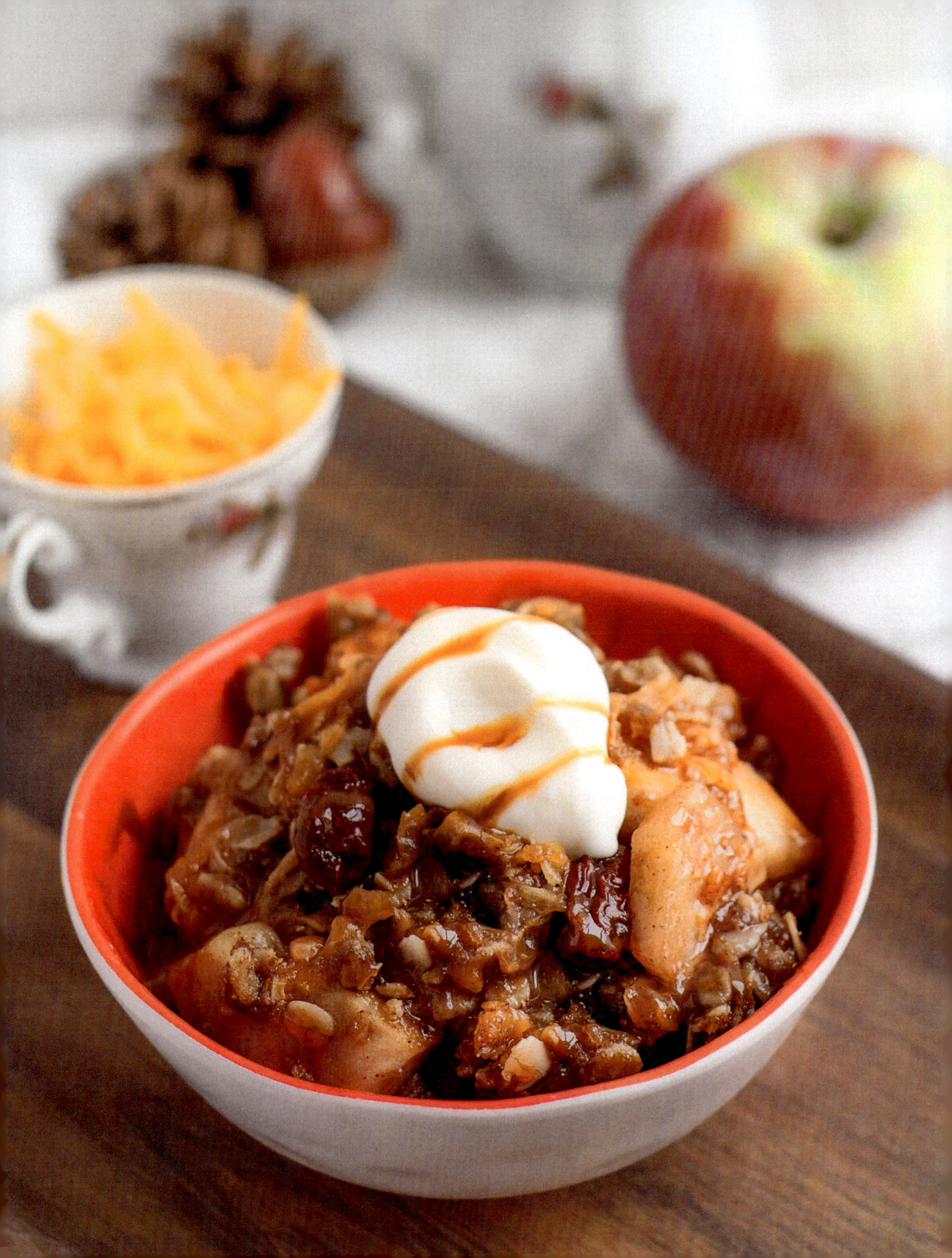

Cheddar Apple Crisp

Cheddar und Äpfel? Das soll passen? In der Tat wird diese Kombi in Kanada gerne für rustikale Süßspeisen wie Pies, Cobblers und Crisps verwendet. Meinen Cheddar Apple Crisp gönnen wir uns an besonders ungemütlichen Herbsttagen, zusammen mit einem dampfenden Becher Kaffee.

Für 2 bis 4 Personen

Zutaten

Für die Apfelfüllung:
500 bis 600 g säuerliche Äpfel, in Spalten geschnitten
40 g getrocknete Cranberries
Saft ½ Zitrone
60 g brauner Zucker
1 TL Zimt, gemahlen
¼ TL Muskatnuss, gemahlen
1 TL Speisestärke

Für das Topping
50 g Haferflocken
30 g Mehl
20 g Sonnenblumenkerne
¼ TL Salz
½ TL Zimt
100 g brauner Zucker
115 g Butter, im Stück gefroren
70 g Cheddar, gerieben

Zubereitung

1. Den Ofen auf 180 Grad vorheizen.
2. Apfelspalten und Cranberries in einer Schüssel abwiegen und mit dem Zitronensaft vermischen.
3. Zucker mit Zimt, Muskat, Speisestärke und einer Prise Salz verrühren und zu den Äpfeln geben. Alles mit den Händen gut vermengen und in eine gebutterte 20 x 20 cm große Backform oder mehrere kleine Förmchen geben.
4. In einer separaten Schüssel die ersten 6 Zutaten für das Streuseltopping vermischen.
5. Die gefrorene Butter mit einer Küchenraspel in die trockene Mischung reiben und mit den Fingern alles zu Streuseln verarbeiten. Zuletzt den Käse unterrühren.
6. Das Topping auf der Apfelmischung verteilen und den Apple Crisp 25 bis 30 Minuten backen bzw. bis die Säfte am Rand blubbern und die Streusel knusprig braun sind.

Tipp: Für extra knuspriges Topping verteile ich nur etwa die Hälfte der Haferflockenmischung auf den Äpfeln und backe die zweite Hälfte separat in einer Metallform. Nach 10 Minuten im Ofen nehme ich das Topping heraus, rühre kurz einmal durch und gebe es nochmal für 5 bis 8 Minuten in den Ofen, bis es die gewünschte Bräune hat. Topping aus dem Ofen nehmen und abkühlen lassen, dann für extra Crunch auf dem fertigen Apple Crisp verteilen.

Raincoast Cracker schmecken besonders gut zu Käse, oder einer Schüssel Hummus. Ich knabbere sie am liebsten pur, zu einem feierabendlichen Glas Wein.

Raincoast Cracker

Für 12 Dutzend Raincoast Cracker (6 Mini Kastenförmchen 9 x 6 x 3.5 cm)

Ohne Raincoast Cracker - keine Party! Diese dekorative Knabberei ist der Star auf jeder Käseplatte! Die knusprigen, leicht süßlichen Cracker sind vollgepackt mit Nüssen, Samen und Trockenfrüchten! Wie Cantuccini kommen sie zunächst in kleinen Laiben in den Ofen, bevor sie in Scheiben geschnitten nochmal knusprig gebacken werden.

Zutaten

60 g goldene Rosinen
60 g Cranberries
80 g gehackte Nüsse (Pekannüsse, Walnüsse, Macadamia- oder Haselnüsse)
3 EL Sonnenblumenkerne (40 g)
7 EL Kürbiskerne (70 g)
125 g Weizenmehl
120 g Vollkornweizen- oder Roggenmehl
1,5 EL getrockneter Rosmarin
2 EL Natron
1 TL Salz
70 g brauner Zucker
480 ml Buttermilch

Zubereitung

1. Den Ofen auf 180 Grad vorheizen und die Förmchen fetten.
2. Die Rosinen und Cranberries in eine Schüssel geben, mit heißem Wasser bedecken und für mindestens 15 Minuten beiseite stellen.
3. Die Nüsse in einer Pfanne rösten und grob hacken. Sonnenblumen- und Kürbiskerne ebenfalls rösten und beiseitestellen.
4. Mehle, Rosmarin, Natron und Salz in einer großen Schüssel mischen. Den Zucker hinzugeben und eventuelle Klümpchen mit der Gabel aufbrechen. Die Buttermilch hinzugießen und mit einem Silikonspachtel nur gerade so lange rühren, bis kein trockenes Mehl mehr zu sehen ist.
5. Die Trockenfrüchte abtropfen lassen und zusammen mit den Nüssen und Samen unter den Teig mischen.
6. Gefettete Mini-Kastenförmchen je zu 3/4 mit dem Teig befüllen und die Laibchen 30 bis 35 Minuten backen, bis sie goldbraun sind und ein in die Mitte gestochenes Stäbchen sauber herauskommt.
7. Die Laibchen aus den Förmchen stürzen, abkühlen lassen und über Nacht oder für mindestens 6 Stunden in Folie gewickelt ins Gefrierfach geben.
8. Den Ofen auf 150 Grad vorheizen. Die nun gefrorenen Laibchen mit einer Brotschneidemaschine oder einem Brotmesser so dünn wie möglich schneiden und auf mit Backpapier ausgelegten Blechen platzieren. Die Cracker können eng zueinander platziert werden, sollten sich aber nicht berühren.
9. Raincoast Cracker nun 15 Minuten backen, dann jeden einzelnen Cracker einmal wenden und weitere 10 bis 15 Minuten backen, bis sie goldbraun sind, sich trocken anfühlen und sich an den Ecken leicht kringeln. Es macht nichts, wenn die Cracker in der Mitte noch ein bisschen biegsam sind. Nach dem Abkühlen werden sie schön knusprig.
10. Fertige Cracker abkühlen lassen und in Metall- oder Keksdosen lagern. Richtig gelagert halten sich die Cracker wochenlang.

Bacon Jam

Marmelade aus Bacon? Das klingt verrückt, aber wer einmal davon gekostet hat, wird diesen Universal-Aufwerter nicht mehr missen wollen. Besonders lecker finde ich die Bacon-Marmelade in Sandwichs, zu Käseplatten, zusammen mit meinem Bacon-Brot (S. 91), oder als Topping für Hühnchen oder gebratenen Fisch.

Für 1 Glas (400 ml)

Zutaten

700 g Bacon, gewürfelt
4 große rote Zwiebeln, fein gewürfelt
5 Knoblauchzehen, fein gehackt
1 TL Chilipulver
1 EL gehackter Rosmarin, frisch oder getrocknet
¼ TL Salz
½ TL frisch gemahlener Pfeffer
60 ml Whisky oder Rum
120 ml Ahornsirup
100 ml Rotwein
80 g brauner Zucker
50 ml Balsamico-essig

Zubereitung

1. Bacon-Würfel in 2 große Pfannen aufteilen und beide Pfannen parallel auf mittlerer Stufe erhitzen. Warten, bis das Fett austritt und Bacon im eigenen Fett brät, bis er sehr knusprig und tiefbraun ist. Fett durch ein Sieb gießen und für andere Rezepte aufsparen.
2. Zwei EL vom Fett in einer der Pfannen wieder auf mittlerer Stufe erhitzen und darin die Zwiebelwürfel für mindestens 10 Minuten braten, bis sie karamellisieren.
3. Knoblauch zugeben und etwa ein einhalb Minuten weiterbraten lassen. Chili, Rosmarin, Salz, Pfeffer unterrühren und die Hitze hochschalten.
4. Mit Whisky ablöschen und den Pfannenboden gut abkratzen. Dann Ahornsirup und Wein mit in die Pfanne gießen, umrühren und alles ca. 3 Minuten kochen lassen.
5. Braunen Zucker und Essig hinzufügen und weitere 3 Minuten kochen.
6. Die abgekühlten Bacon-Stücke evtl. noch in kleinere Stücke schneiden und in die Pfanne geben. Alles umrühren, die Temperatur reduzieren und die Bacon-Marmelade 10 bis 12 Minuten einkochen lassen. Sollte sich ein Fettfilm zuoberst bilden, diesen mit einem Löffel abschöpfen.
7. Wer seine Marmelade rustikal-stückig haben möchte, kann sie sofort abfüllen. Ich gebe die Mischung gerne noch eine Runde in den Foodprocessor und zerkleinere darin alles noch etwas feiner. Die Bacon Jam in einem verschließbaren Glas im Kühlschrank lagern und bei Bedarf kleine Mengen in der Mikrowelle aufwärmen.

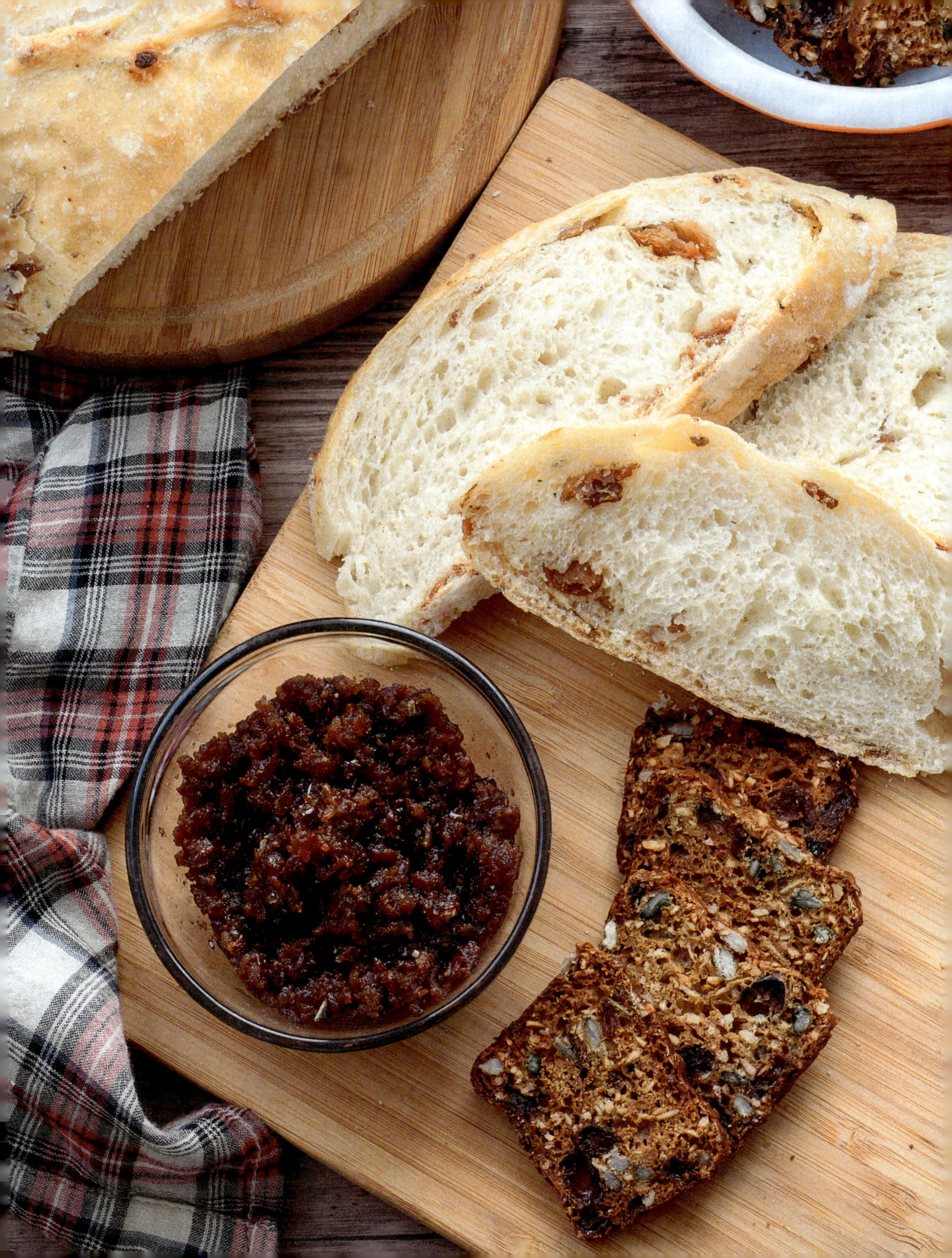

Kanadische Erbsensuppe „Pig & Pea"

Dieser deftige Eintopf aus Québec ist genau das Richtige für kalte, graue Herbsttage! Die geräucherte Schweinshaxe wird zunächst in der Suppe mitgegart und verleiht ihr so dieses unwiderstehlich rauchig-herzhafte Aroma. Das Fleisch wird dann in kleine Stücke geschnitten und dient als Einlage. Dazu reiche ich besonders gerne einen Laib Topfbrot (S. 91).

Für 4 Personen

Zutaten

1 geräucherte Schweinshaxe (ca. 450 g)
3 Nelken
2 EL Butter
1 Zwiebel, gehackt
1 Karotte, in Scheiben
1 Stange Sellerie, in Scheiben
100 g Lauch, in Scheiben
300 g gelbe Schälerbsen, getrocknet
1 Lorbeerblatt
1 Zweig Thymian, frisch
1,5 l Hühnerbrühe
100 ml Sahne

Zubereitung

1. Überschüssige Haut und Fett von der Schweinshaxe abtrennen und die Nelken tief in das Fleisch stecken.
2. In einem großen Topf die Butter auf mittelhoher Stufe schmelzen. Zwiebel, Karotten, Sellerie und Lauch zugeben und ca. 7 bis 10 Minuten anschwitzen lassen.
3. Erbsen in einem Sieb waschen und zusammen mit dem Lorbeerblatt und Thymian zu dem Gemüse geben. Alles 2 Minuten unter Rühren braten, dann mit der Brühe aufgießen und die Schweinshaxe mit in den Topf geben.
4. Die Hitze hochschalten und alles zum Kochen bringen, dann die Temperatur reduzieren, den Deckel auflegen und die Suppe etwa 2 Stunden köcheln lassen, bis die Erbsen weich sind. Während des Kochens öfter nachsehen, ob Wasser nachgegeben werden muss, da die Flüssigkeit verkocht.
5. Lorbeerblatt, Thymianzweig und Fleisch aus der Suppe nehmen. Je nach Vorliebe entweder die gesamte Suppe oder nur die Hälfte pürieren.
6. Fleisch auf einem Teller leicht abkühlen lassen, dann Nelken, überschüssiges Fett und Knochen entfernen und das Fleisch in kleine Stücke zupfen.
7. Fleisch zurück in die Suppe geben, die Sahne unterrühren und alles mit Salz, Pfeffer und einem Hauch Muskat abschmecken.

Topfbrot mit Bacon – ohne Kneten

Zubereitung

1. 380 g Mehl in einer großen Schüssel abmessen und mit Trockenhefe und Salz mischen. Sirup und Wasser zugeben und alles zu einer lumpigen, leicht klebrigen Masse verrühren. Die Schüssel mit Plastikfolie bedecken und mindestens 12 Stunden bei Zimmertemperatur gären lassen.
2. Am nächsten Tag den Bacon in eine große Pfanne geben und diese ohne Zugabe von Fett auf mittelhoher Stufe erhitzen. Die mittlere Hitze ist wichtig, damit die Speckscheiben genug Zeit haben, das Fett zu verlieren, und dabei nicht verbrennen. Bacon ca. 5 Minuten von der einen Seite braten, bis sie knusprig ist, und dann noch mal 3 Minuten von der anderen Seite. Zum Schluss den braun gebratenen Bacon aus der Pfanne nehmen und auf einem mit Küchenpapier ausgelegten Teller abkühlen lassen, dann grob hacken.
3. Bacon zusammen mit Thymian und Pfeffer unter den Brotteig rühren.
4. Ein sauberes Küchenhandtuch auf die Arbeitsfläche legen und mit einem ca. 30 cm langen Stück Backpapier belegen. Backpapier mit etwas von dem Bacon-Fett aus der Pfanne bestreichen und mit einer dicken Schicht Mehl bestreuen. Den Teig aus der Schüssel auf das Backpapier geben und mit gut bemehlten Händen zu einem Laib formen. Keine Sorge, der muss nicht perfekt aussehen. Den Teigling mit etwas Mehl bestreuen und ein gefettetes Stück Backpapier auflegen. Alles mit einem sauberen Handtuch bedecken und den Laib bei Zimmertemperatur weitere 1,5 h gehen lassen.
5. Während der letzten 30 Minuten den gusseisernen Topf samt Deckel in den Ofen geben und diesen auf 230 Grad vorheizen. Nach Ablauf der Gehzeit Handtuch und Backpapier vom Brot entfernen, den Topf mit ofenfesten Handschuhen aus dem Rohr nehmen, Deckel lüften und den Teigling vorsichtig mit beiden Händen in den Topf manövrieren. Deckel auflegen und das Brot 30 Minuten backen lassen. Nun Temperatur auf 200 Grad reduzieren und das Brot 15 Minuten ohne Deckel backen lassen, bis es eine knusprige, goldbraune Kruste hat.
6. Brot abkühlen lassen und am besten noch lauwarm mit einem Teller Suppe genießen.

Zutaten

400 g Mehl
½ TL Trockenhefe
2 TL Salz
1 EL Ahornsirup
ca. 280 bis 300 ml lauwarmes Wasser
6 Scheiben Bacon
1 TL Thymianblättchen
½ TL frisch gemahlener Pfeffer

Sirloin-Steak-Salat mit Äpfeln, Pekannüssen und Himbeerdressing

Für 2 Portionen

Zutaten

150 g frische oder tiefgekühlte Himbeeren
2 TL Honig
400 g Rinderlendensteak
4 EL Sojasoße
1 Apfel
2 Salatherzen
1/2 Gurke
150 g Pekannüsse
1 EL Pflanzenöl
3 EL Weißweinessig
130 g saure Sahne
1/2 TL Zucker
1/4 TL Salz
80 ml Olivenöl

Zubereitung

1. Die Himbeeren mit einem EL Wasser und 2 TL Honig bei mittlerer Hitze in einem kleinen Topf aufkochen. Köcheln lassen, bis der Saft austritt. Die Himbeeren etwas mit der Gabel zerdrücken und die Mischung durch ein Sieb streichen, um die Kerne zu entfernen. Das Himbeerpüree im Kühlschrank abkühlen lassen.
2. Rinderlendensteak in einer kleinen, flachen Schale oder einem Gefrierbeutel für 30 Minuten in der Sojasoße marinieren lassen.
3. Den Apfel vierteln, entkernen und in Spalten schneiden. Die Gurke in Scheiben schneiden. Salatherzen waschen, vierteln und in feine Ringe schneiden. Die Pekannüsse in der Pfanne ohne Fett rösten und beiseitestellen.
4. Steak aus der Marinade auf ein Küchentuch geben und leicht abtupfen. Fleisch gut salzen und von beiden Seiten mit Öl bestreichen. Den Herd auf die höchste Stufe stellen und eine schwere, gusseiserne Pfanne so heiß werden lassen, dass sie raucht. Steak in die Pfanne geben und von jeder Seite 3 bis 4 Minuten braten lassen. Fleisch aus der Pfanne nehmen und 5 Minuten in Alufolie gewickelt ruhen lassen, dann gegen die Faser in Scheiben schneiden.
5. Für das Dressing Essig, saure Sahne, Zucker, Salz und das abgekühlte Himbeerpüree mit einem Pürierstab zu einem cremigen Dressing vermixen. Das Öl in einem dünnen Strom einfließen lassen und dabei weitermixen. Alle Salatzutaten auf zwei Tellern anrichten und mit dem Dressing besprenkeln.

Tipp: Wer möchte, kann die Himbeeren auch durch jede andere Beere oder eine Beerenmischung ersetzen.

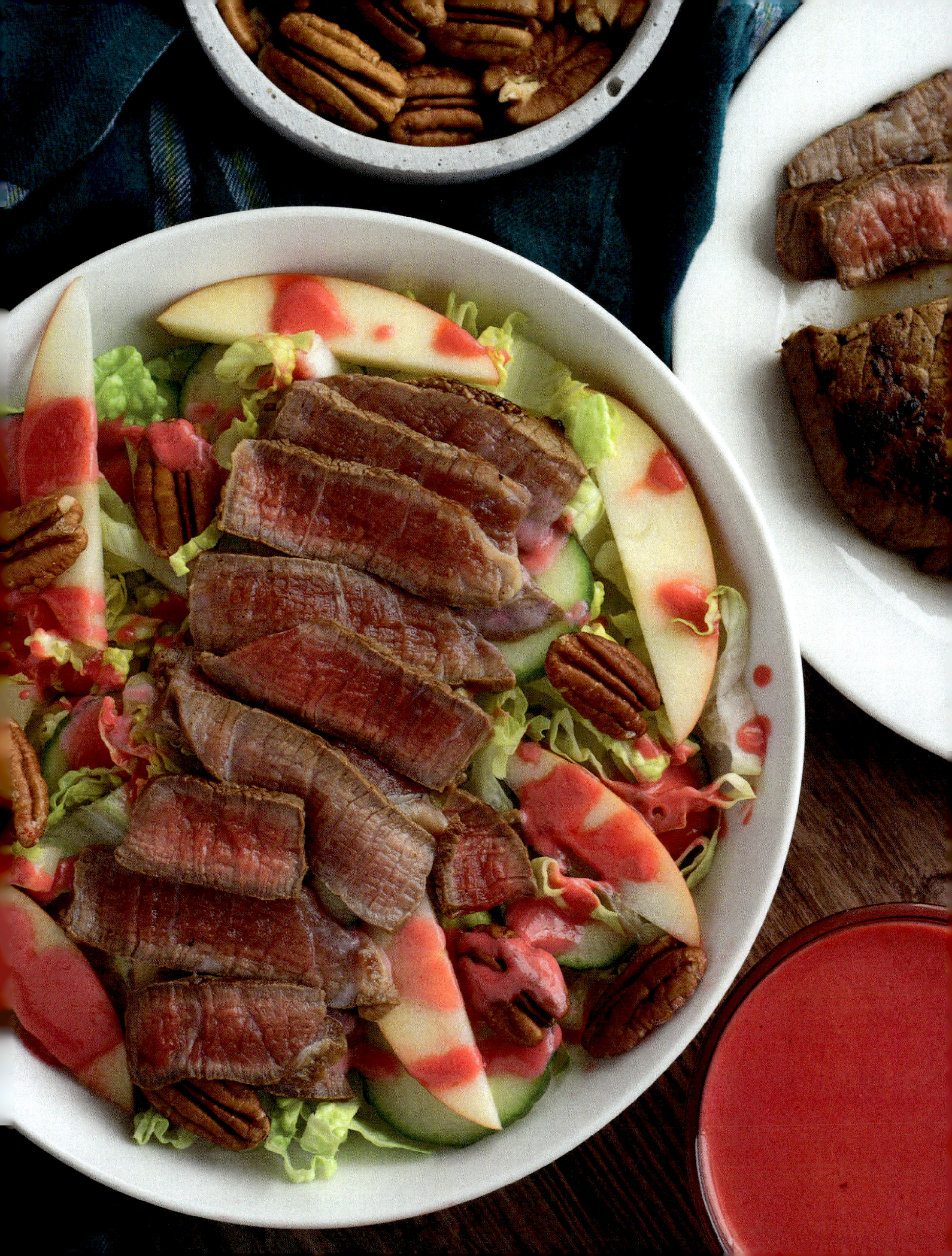

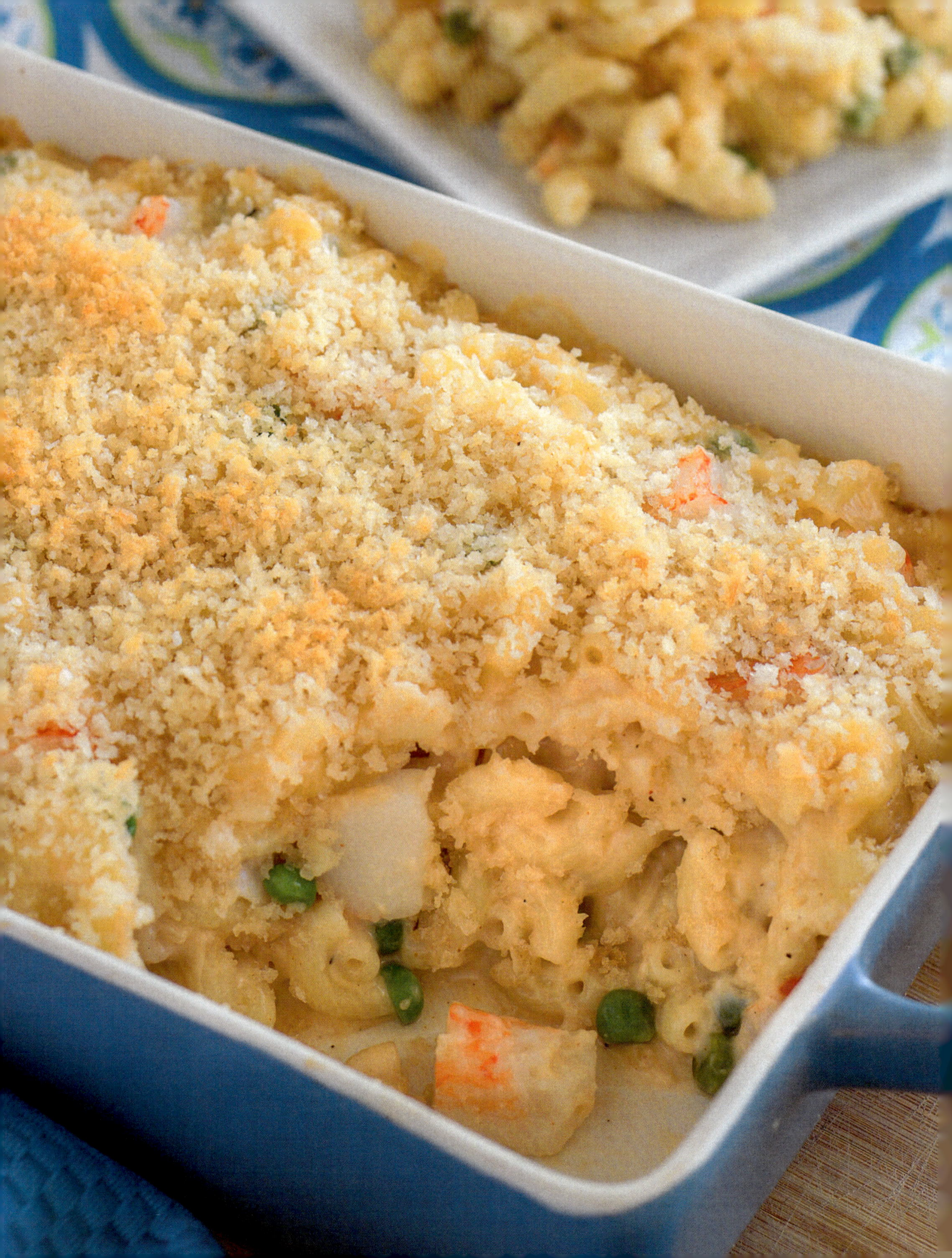

Lobster Mac and Cheese

Auf Prince Edward Island, Kanadas kleinster Provinz, werden im Sommer zu Ehren der Fischer der Insel bei den sogenannten „*lobster suppers*" in Kirchen und Gemeindehallen riesige Hummer-Buffets aufgefahren. Mein Lobster Macaroni & Cheese wäre eines der einfachen sättigenden Gerichte, die man bei einem solchen Gelage finden könnte.

Für 6 bis 8 Personen

Zutaten

- 45 g Butter oder Bacon-Fett
- 85 g Panko oder Semmelbrösel
- 450 g Makkaroni
- 1 l Vollmilch
- 60 g Butter
- 60 g Mehl
- ¼ Lauch, in feine Ringe geschnitten
- 1 EL Dijon-Senf
- ½ TL Muskatnuss, gerieben
- ½ TL Chili-Pulver
- 1 TL schwarzer Pfeffer
- 2 TL Salz
- 60 g Parmesan, gerieben
- 200 g Cheddar, gerieben
- 100 g Greyerzer, gerieben
- 300 g Krebsfleisch, vorgekocht
- 100 g Erbsen, TK

Zubereitung

1. Den Ofen auf 190 Grad vorheizen.
2. Butter oder Bacon-Fett in der Mikrowelle schmelzen und mit dem Panko vermischen. Mischung mit 2 Prisen Salz mischen.
3. Einen großen Topf mit Wasser zum Kochen bringen, Wasser gut salzen und die Nudeln nach Packungsbeilage *al dente* kochen.
4. Einstweilen Milch in einem mittelgroßen Topf erhitzen.
5. Butter in einem weiteren großen Topf auf mittlerer Stufe schmelzen und warten, bis sie zu schäumen beginnt. Mehl einrühren und Mehlschwitze ca. 1-2 Minuten anbraten.
6. Die heiße Milch unter kräftigem Rühren mit dem Schneebesen einrühren. Bechamelsoße auf mittlerer Stufe etwa 2 Minuten unter Rühren köcheln lassen, dann Lauch, Senf, Gewürze und Käse einrühren. Hitze abschalten und rühren, bis der Käse geschmolzen ist.
7. Die Pasta gut abtropfen lassen und zusammen mit dem Krebsfleisch und Erbsen in die Käsesoße rühren.
8. Alles in eine große Auflaufform geben und mit der Pankomischung bedecken.
9. Mac & Cheese etwa 35 Minuten lange backen, bis die Soße an den Rändern blubbert und die Brotkrumen goldbraun sind.

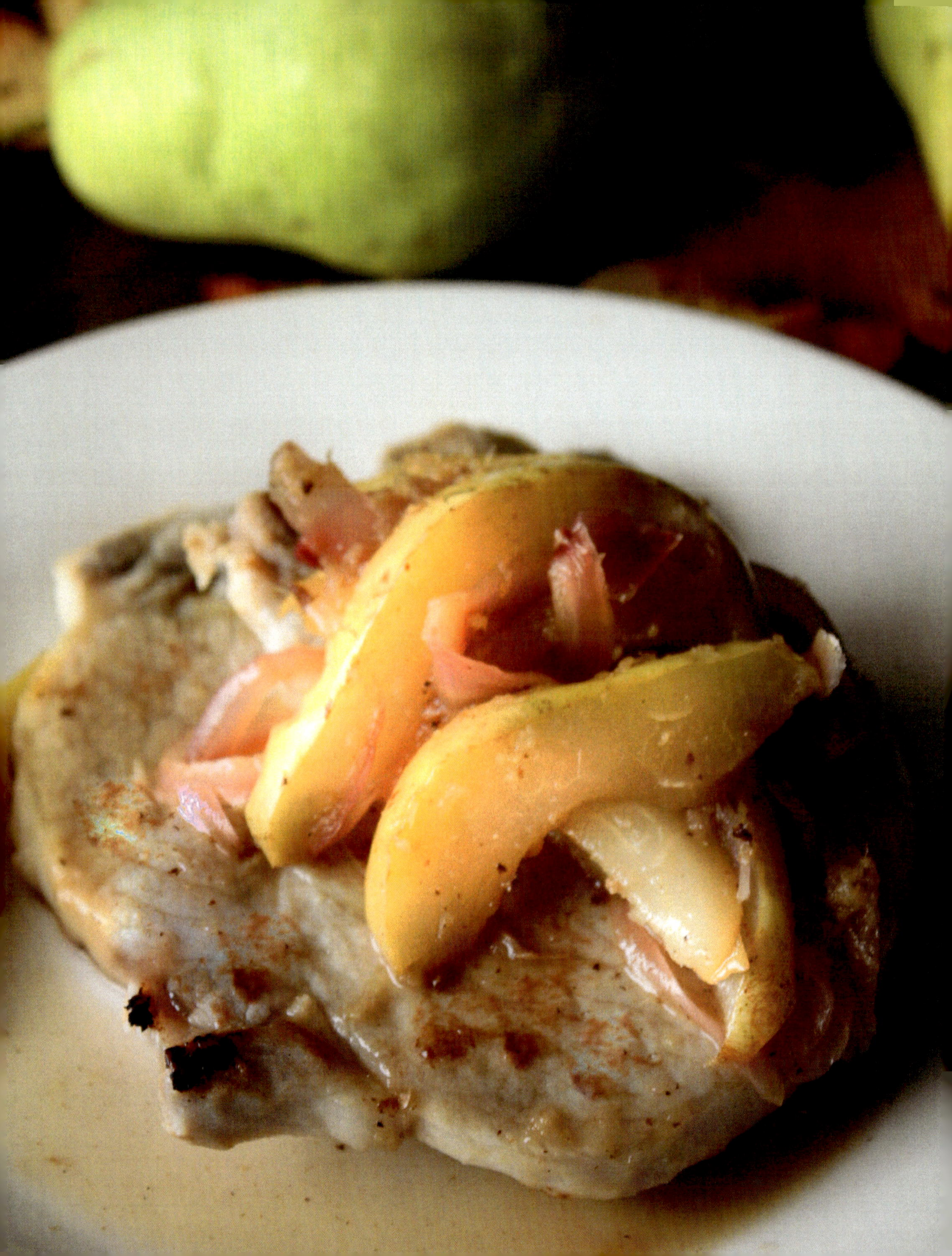

Maple Brined Pork Chops - Koteletts aus der Ahornlauge mit Birnen-Ingwer-Soße

Für 4 Personen

Zutaten

Für die Lauge:
85 g Salz
1,2 l kaltes Wasser
5 EL Ahornsirup
1 EL Pfefferkörner
2 Lorbeerblätter
4 Schweinekoteletts

Für die Birnen-Ingwer-Soße:
1 große Zwiebel, in dünne Scheiben geschnitten
2 große Birnen, geviertelt, entkernt und in Spalten geschnitten
2 TL frisch geriebener Ingwer
100 ml Weißwein
75 ml Ahornsirup
50 g Butter, kalt in kleine Stückchen geschnitten
Salz und Pfeffer

Zubereitung

1. In einer hohen Schüssel Salz und Wasser verrühren, bis sich das Salz aufgelöst hat. Ahornsirup und Gewürze sowie die Schweinekoteletts hinzufügen und über Nacht im Kühlschrank stehen lasssen.
2. Die Koteletts aus der Lake nehmen, abbrausen, trocken tupfen und auf einem Kuchengitter ca. 10 Minuten trocknen lassen.
3. Eine große Pfanne ca. 3 Minuten auf hoher Stufe erhitzen. Die Koteletts von beiden Seiten mit Öl bestreichen und pfeffern. Fleisch von jeder Seite 2 Minuten sehr scharf anbraten. Die Hitze auf die niedrigste Stufe reduzieren und die Kotelettes von jeder Seite 4 bis 5 Minuten braten lassen, bis ein in die Mitte des Koteletts eingeführtes Thermometer 60 Grad anzeigt. Das Fleisch aus der Pfanne nehmen und 3 bis 5 Minuten unter Alufolie ruhen lassen.
4. In derselben Pfanne etwas Öl erhitzen und die Zwiebelspalten 2 Minuten dünsten lassen. Birnenscheiben und Ingwer zugeben und kurz mit anbraten. Mit Weißwein ablöschen, kurz einreduzieren lassen und den Ahornsirup hinzugeben. Die Butterflocken unterrühren und alles mit Salz und Pfeffer abschmecken.
5. Die Schweinekoteletts mit der Soße und ein paar Birnenspalten bedeckt servieren.

Maple Roast Chicken mit Maisbrotfüllung

Für 4 Personen

Zutaten

1 bratfertiges Hähnchen (ca. 1,3 kg)
3 bis 4 Corn Muffins* vom Vortag (200 g Gesamtgewicht)
4 EL Butter
½ Zwiebel, fein gehackt
100 g Staudensellerie, fein gehackt
40 g getrocknete Cranberries
4 EL frische gehackte Petersilie
½ TL Koriander, gemahlen
1 TL Zitronenschale
½ TL schwarzer Pfeffer
3 Karotten, längs halbiert
600 g Babykartoffeln
4 EL Olivenöl
125 ml Ahornsirup
125 ml Hühnerbrühe
250 ml Sahne
1 TL Speisestärke
1 Schalotte, fein gehackt
Salz, Pfeffer

*Rezept, siehe S. 116

Zubereitung

1. Ofen auf 180 Grad vorheizen.
2. Muffins in Stücke brechen und im Ofen ca. 15 Minuten backen, dann abkühlen lassen. Die Ofentemperatur auf 205 Grad erhöhen.
3. In einer Pfanne 1 EL Butter auf mittlerer Stufe schmelzen und Zwiebel und Sellerie für ca. 4 Minuten anschwitzen. Gemüse in eine Schüssel geben und 2 EL Butter in derselben Pfanne schmelzen.
4. Geschmolzene Butter, Maismuffins, Cranberries, Petersilie, Koriander, Zitronenschale und Pfeffer zur Selleriemischung geben und alles mit den Händen gut durchmischen. Füllung nach Belieben mit mehr Salz abschmecken.
5. Das Hähnchen mit Küchenpapier trocken tupfen. Die Füllung in die Bauchhöhle des Hähnchens löffeln und gut andrücken. Öffnung mit Holzspießen zustecken und die Beine mit Küchengarn aneinanderbinden.
6. Kartoffeln und Möhren in eine tiefe Form geben und leicht salzen und pfeffern. Das Hähnchen mit in die Form geben und mit 2 EL Olivenöl bestreichen, salzen und pfeffern. Hähnchen 30 Minuten lang backen, dann aus dem Rohr nehmen und rundum mit etwas Ahornsirup und 2 EL Olivenöl bestreichen.
7. Weitere 25 Minuten bei 190 Grad backen, dann erneut mit Sirup einstreichen. Eventuelle Säfte, die sich in der Form sammeln, können schon vorab in einen kleinen Topf abgegossen werden.
8. Fleisch noch etwa 20 Minuten weiter backen, bis das Hähnchen knusprig ist und das Fleisch eine Innentemperatur von ca. 71 Grad hat. In den letzten Minuten die Haut nochmals mit Ahornsirup einstreichen.
9. Form aus dem Ofen nehmen und das Hähnchen auf einem Teller ruhen lassen. Gemüse in eine Servierschale geben und warm stellen.
10. Alle entstandenen Säfte aus der Form in eine Schüssel gießen. Notfalls einen Schuss Wasser zugeben und die Form noch mal auf die Herdplatte oder in den heißen Ofen geben, damit sich ewaige Krusten besser lösen.
11. Währenddessen 1 El Butter in einem kleinen Topf auf mittlerer Stufe schmelzen und die Schalotten 2 bis 3 Minuten anschwitzen lassen.
12. Brühe, alle gesammelten Säfte aus der Form und auch solche, die sich um das Hähnchen gebildet haben, zugeben und alles unter Rühren aufkochen lassen. Soße ca. 4 Minuten köcheln lassen, dann die Sahne zugeben. Temperatur reduzieren und Soße 7-10 Minuten leise köcheln lassen. Speisestärke mit einem EL kaltem Wasser mischen und in die Soße rühren. Alles noch 2 Minuten köcheln lassen, dann mit Salz abschmecken und heiß mit dem Hähnchen und dem Gemüse servieren.

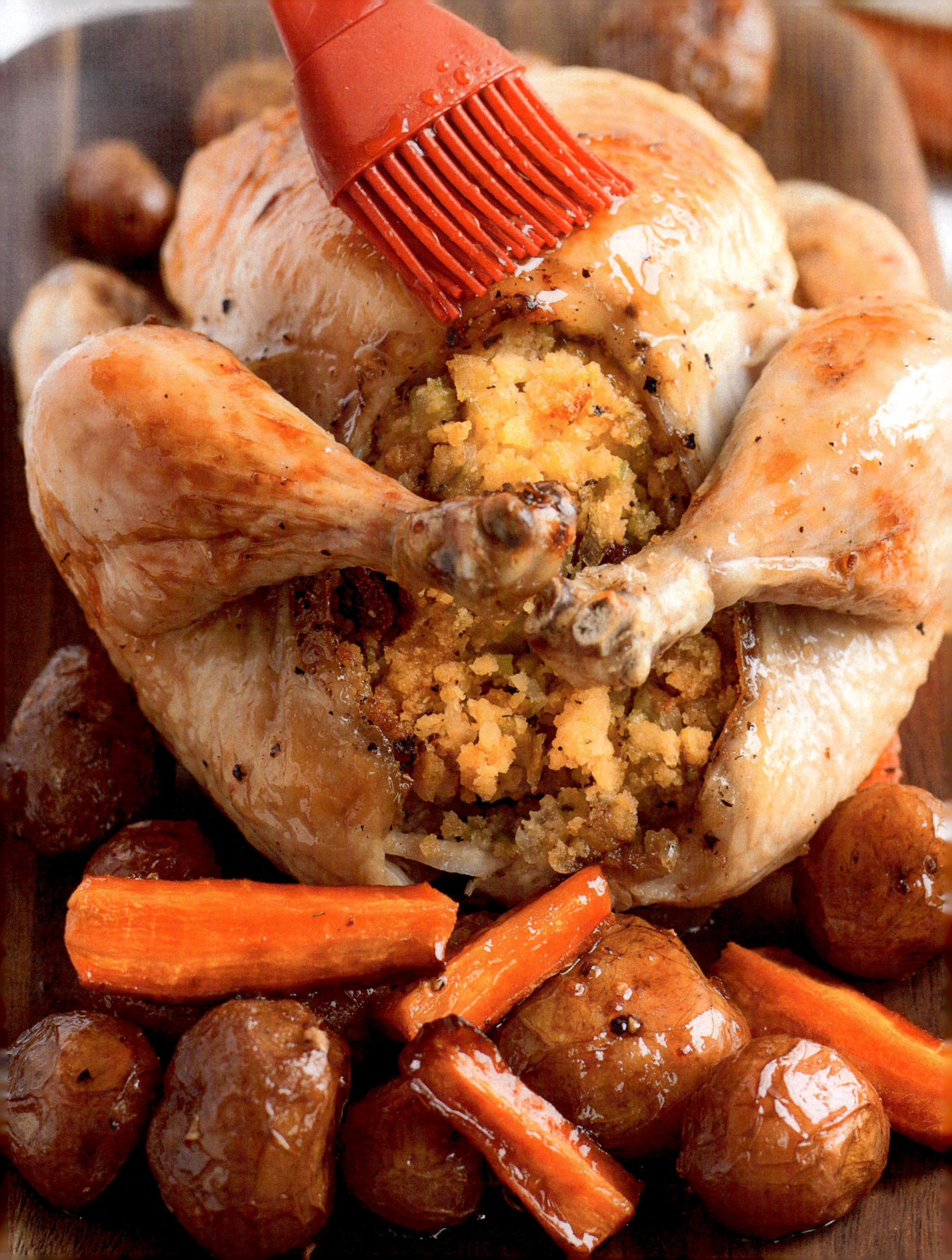

Gefüllter Eichelkürbis mit Wildreis, Kirschen und Pekannüssen

Für 4 Personen

Ein herbstliches, vegetarisches Rezept, inspiriert von der Küche der Ureinwohner Kanadas. Durch die Kombination aus Wildreis, Käse, getrockneten Früchten und Nüssen ist dieses Gericht besonders nahrhaft und sättigend.

Zutaten

- 80 g Basmati Reis
- 80 g Wildreis
- 2 Eichelkürbisse (alternativ Hokkaido- oder Butternusskürbis)
- 3 EL Olivenöl
- 2 EL brauner Zucker
- 70 g Pekannüsse
- 1 Zwiebel, fein gewürfelt
- 2 Knoblauchzehen, gehackt
- 3 Zweige Thymian
- 1 TL Kreuzkümmel, gemahlen
- 1 TL Koriander, gemahlen
- 1/2 TL Zimt
- 60 g getrocknete Kirschen
- 120 g Ziegenkäse oder Feta
- Salz, Pfeffer

Zubereitung

1. Reis nach Packungsanweisung kochen, dann in ein Sieb geben und abtropfen lassen.
2. Den Ofen auf 190 Grad vorheizen.
3. Von jedem Kürbis ca. 2 cm unter dem Stielansatz den Deckel abschneiden. Eventuell etwas vom Boden abschneiden, damit der Kürbis gerade stehen kann. Mit einem Löffel die Kerne und Fasern entfernen. Kürbis mit einem Pinsel von innen mit Olivenöl bestreichen, mit braunem Zucker bestreuen, salzen und pfeffern. Die Kürbisse auf einem Blech im Ofen etwa 45 Minuten backen, bis das Fleisch weich ist.
4. Einstweilen die Füllung zubereiten. Dazu Pekannüsse in einer Pfanne ohne Fett auf mittlerer Stufe ca. 2 Minuten rösten, dann abkühlen lassen und grob hacken.
5. In einer großen Pfanne 2 EL Pflanzenöl auf mittelhoher Stufe erhitzen. Die Zwiebelwürfel hineingeben und ca. 3 bis 4 Minuten glasig dünsten. Knoblauch sowie Thymianblättchen zugeben und 1 Minute weiterbraten. Gewürze beifügen und 30 Sekunden mitbraten lassen, dann Reis, Kirschen und Nüsse zugeben und alles mit Salz und Pfeffer abschmecken.
6. Kürbisse aus dem Ofen nehmen und mit je der Hälfte der Reismischung füllen. Dabei nach je 3 EL Reisfüllung einen TL Käse mit in den Kürbis streuen.
7. Die Füllung mit dem Löffelrücken in den Kürbis drücken und restliche Reismischung in kleinen Haufen auf den Kürbis löffeln. Zuletzt 1 TL Olivenöl über jeden Kürbis träufeln.
8. Kürbisse zurück in den Ofen geben und weitere 30 Minuten backen.
9. Mit dem restlichen Käse bestreuen und servieren.

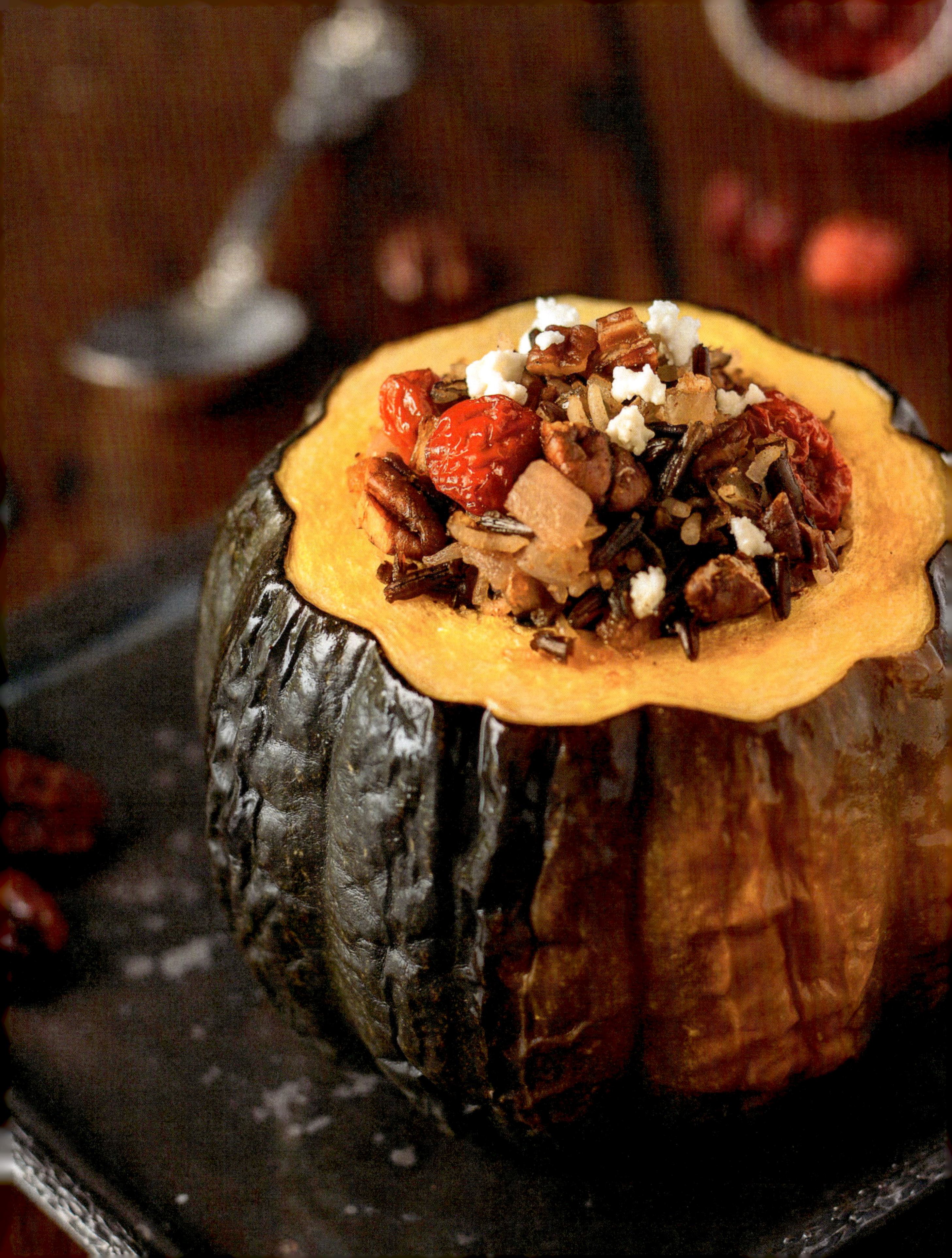

Ojibwa-Rice-Pudding

Wenn sich der kurze kanadische Sommer dem Ende neigt, reift um die großen Seen Ontarios der kanadische Wildreis heran. Er ist der grüne Schatz des Indianerstammes der Ojibwa. Jedes Jahr errichten sie im Süden Kanadas ihre Lager, um den sogenannten Manomin, den Samen des „Seegrases", zu ernten. Seit über 2.000 Jahren sichert der Wildreis ihr Überleben. Dieser Reispudding ist meine Interpretation eines alten Ojibwa-Rezeptes.

Für 4 kleine Förmchen

Zutaten

1 Ei + 1 Eigelb
200 ml Vollmilch
120 ml Sahne
¼ TL Salz
1 TL Vanilleextrakt
¼ TL Muskatnuss (optional)
¼ TL Zimt (optional)
80 ml Ahornsirup
40 g getrocknete Cranberries oder Kirschen
40 g Rosinen
140 g gekochte Wildreis-Mischung
1 EL Butter zum Fetten der Formen
6 EL brauner Zucker

Zubereitung

1. Den Ofen auf 180 Grad vorheizen.
2. Eine große Auflaufform bereitstellen, in die alle 4 Auflaufförmchen passen.
3. In einer Schüssel Eier mit Milch, Sahne, Gewürzen und Ahornsirup vermischen. Trockenfrüchte und gekochte Wildreismischung unterrühren.
4. Die Förmchen fetten und mit der Reismasse füllen. Darauf achten, dass in jedem Förmchen eine etwa gleiche Menge Wildreis ist.
5. Die Förmchen in die Auflaufform geben und die Form mit heißem Wasser anfüllen, bis dieses ca. 1 cm vom Rand der Förmchen entfernt ist. Das geht am besten, wenn man das Wasser erst einfüllt, wenn die Form schon im Ofen ist.
6. Reispudding je nach Tiefe der Förmchen ca. 23 bis 30 Minuten backen. Aus dem Ofen nehmen und abkühlen lassen.
7. Pudding dünn und gleichmäßig mit braunem Zucker bestreuen und mit einem Brenner karamellisieren. Sofort servieren.

Tipp: Vor dem Herausnehmen der wassergefüllten Fettpfanne nehme ich immer ein paar zusammengeknüllte Stückchen Küchenrolle und lege sie zwischen die Förmchen. Das Wasser wird so aufgesogen und man riskiert nicht, dass im letzten Moment noch Wasser in den Pudding schwappt.

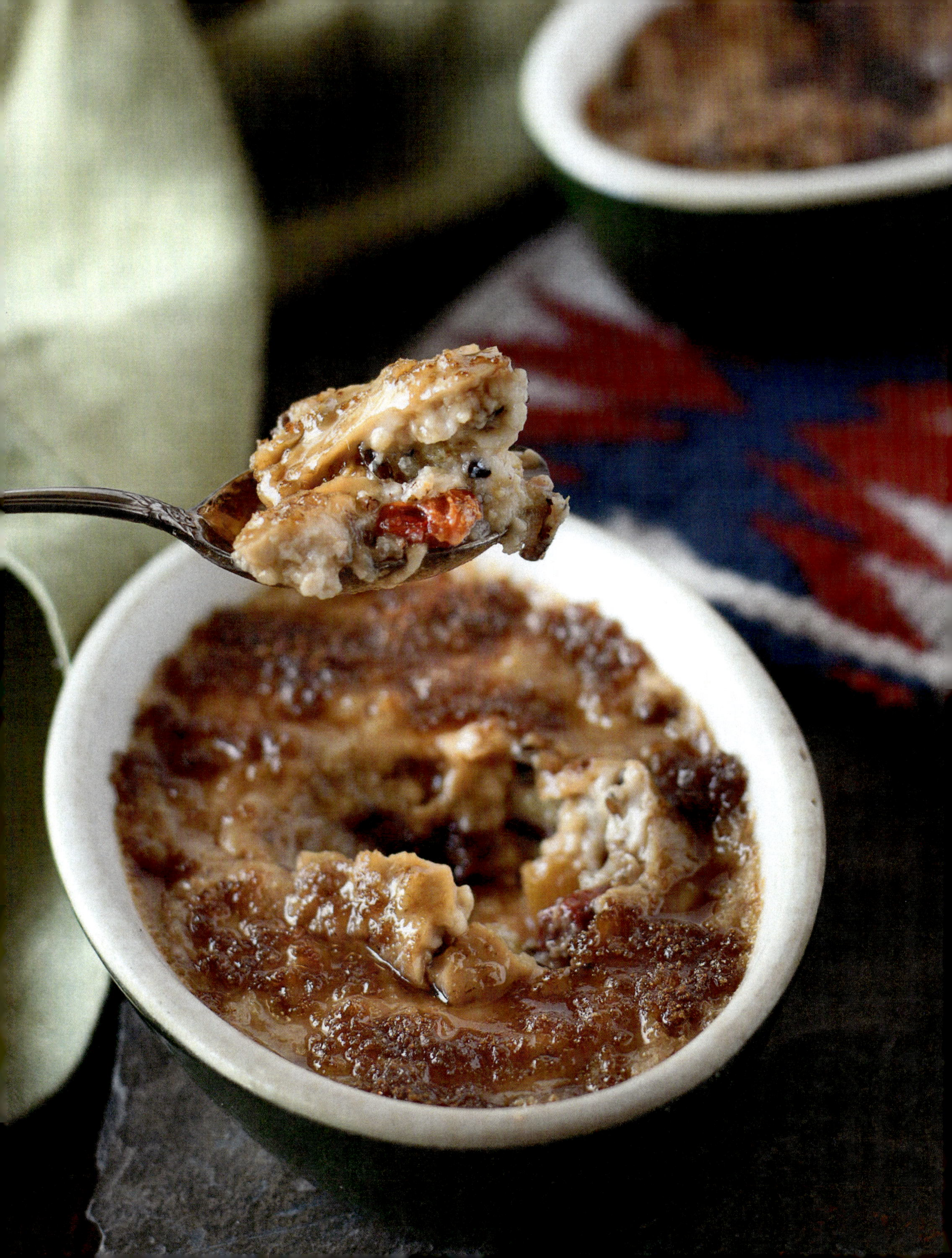

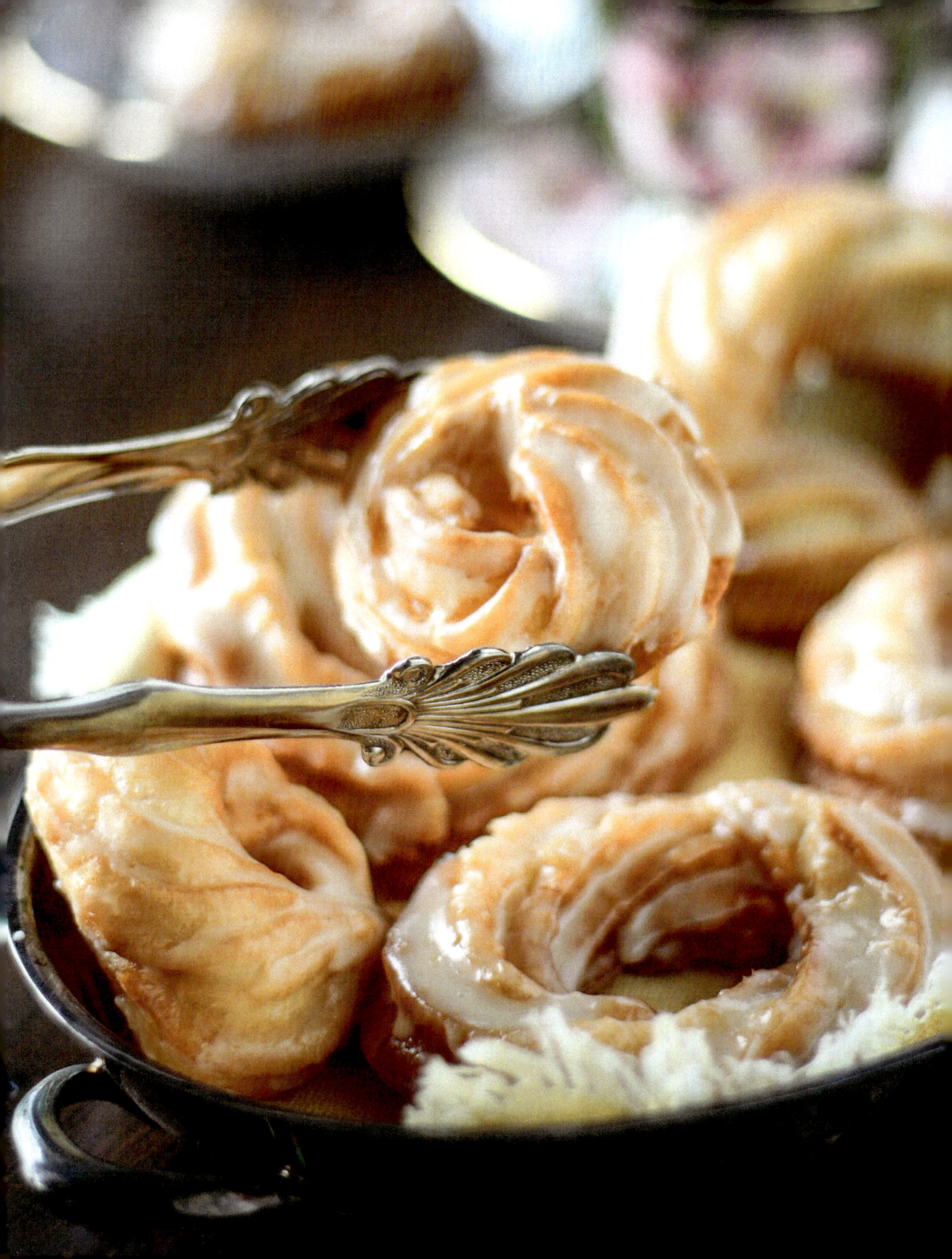

Apple Cider Crullers

Ein Spaziergang durch die Straßen von Montreal ist erst mit einem frisch gebackenen *Cruller* und einem heißen Milchkaffee komplett. Außen knusprig, innen fluffig und dann dieser süße Guss! Die Geburt der kanadischen Variante des Spritzkuchens wurde durch die Familienrezepte französischer und deutscher Siedler ermöglicht! Eine absolut gelungene Liaison! Mein Lieblingsrezept wird durch die Zugabe von Apfel Cider und wärmenden Gewürzen besonders herbstlich! Der Trick dabei ist, die Kringel vor dem Ausbacken für mindestens 15 Minuten ins Gefrierfach zu geben. Dann halten sie schön ihre Form.

Für 12 - 14 Crullers

Zutaten

Für die Crullers:
180 ml Apfel Cider
120 ml Wasser
115 g Butter
½ TL Salz
1 EL Zucker
¼ TL Muskatnuss, gerieben
½ TL Zimt
1 TL Vanille-Extrakt
130 g Mehl
4 Eier (M) und
1 Eigelb

Für den Guss:
100 g Puderzucker
2 EL Ahornsirup
1 EL Rum oder Apfel Cider

Außerdem:
1 l Pflanzenöl zum Frittieren

Zubereitung

1. Die ersten acht Zutaten in einem mittelgroßen Topf auf mittelhoher Stufe erhitzen, bis die Butter geschmolzen ist und die Mischung kocht.
2. In einem Schwung das Mehl hinzugeben und mit einem Holzlöffel vehement rühren. Unter ständigem Rühren den Teig zu einem Kloß abbrennen, der sich vom Topf löst. Am Boden des Topfes sollte sich bereits ein weißer Belag bilden. Topf von der Kochstelle nehmen. Den Teig in eine Rührschüssel umfüllen und kurz mit dem Handrührer durchrühren, damit der Teig etwas abkühlt.
3. Ein Ei zugeben und gut verrühren. Restliche Eier nacheinander unterrühren. Eventuell werden nicht alle Eier benötigt. Der Teig sollte geschmeidig sein und schwer reißend von einem Löffel fallen, dann ist die Konsistenz perfekt.
4. Zwei Bleche mit Backpapier auslegen und bereitstellen.

5. Den Teig in einen Spritzbeutel mit großer Sterntülle füllen. Auf das Backpapier nun ca. 6 bis 7 cm große Kringel aufspritzen.
6. Die Bleche ins Gefrierfach geben und einen großen Topf mit dem Öl erhitzen. Mit einem Holzlöffel prüfen, ob das Fett heiß genug ist: Bilden sich am Löffelstiel kleine Bläschen, ist die Temperatur richtig (ca. 175 Grad).
7. Jeweils 3 bis 4 Crullers aus dem Gefrierfach nehmen und pro Seite etwa 3 Minuten goldbraun backen. Auf mit Küchenpapier ausgelegten Tellern auskühlen lassen.

8. Alle Zutaten für den Guss verrühren und die leicht abgekühlten Crullers mit einer Seite in diese Glasur tauchen. Alternativ Glasur mit einem Küchenpinsel auftragen. Apple Cider Crullers sofort verzehren!

Pumpkin Pie Buns mit Salzkaramellguss

Für eine 26 cm Springform

Zutaten

Für den Teig:
60 ml warmes Wasser
1 Pck. Trockenhefe (7 g)
1/2 TL + 50 g Zucker
120 g Kürbispüree
60 ml Sahne
1 TL Salz
60 ml geschmolzene Butter
1 TL Vanille
1/2 TL Ingwer gemahlen
1/4 TL Piment
1 Ei (L)
375 - 500 g Mehl

Für die Füllung:
56 g Butter
50 g brauner Zucker
50 g weißer Zucker
1,5 TL Zimt, gemahlen
1/4 TL Muskat, gemahlen
1/4 TL Nelken, gemahlen
1/4 TL Piment, gemahlen
1/2 TL Ingwerpulver
120 g Kürbispüree
120 ml Kondensmilch
1 Ei
1 TL Mehl

Für den Guss:
300 g Frischkäse auf Zimmertemperatur
3 EL Butter auf Zimmertemperatur
100 - 120 g Puderzucker
125 ml vorbereitetes Salzkaramell

Zubereitung

Für den Teig:
1. Die Hefe mit 1/2 TL Zucker und Wasser verrühren und ca. 15 Minuten stehen lassen, bis sie zu schäumen beginnt.
2. Kürbispüree, Sahne, Salz, geschmolzene Butter, Zucker, Vanille und Gewürze hinzugeben und verrühren.
3. Nun kommen das Ei und 250 g des Mehls hinzu. Mit dem Knethaken den Teig bei niedriger Geschwindigkeit ca. 2 Minuten kneten. Nach und nach den Rest des Mehls hinzufügen. Es sollte nur soviel hinzugefügt werden, wie der Teig benötigt, um beim Kneten einen geschmeidigen Ball zu formen, der sich von der Teigschüssel löst und einen Ball um die Rührstäbe bildet. Ist der Teig zu klebrig, kann immer noch Mehl dazugegeben werden.
4. Der Teig muss etwa 6 Minuten geknetet werden, bis er sehr geschmeidig, elastisch und nur etwas klebrig ist. Den Teig zu einer Kugel formen, mit etwas Öl bepinseln und zugedeckt ca. 1,5 Stunden ruhen lassen, bis sich das Volumen verdoppelt hat. Einstweilen mit der Füllung fortfahren.

Für die Füllung:
1. In einem Topf alle Zutaten verrühren und bei mittlerer Hitze kurz aufkochen lassen. Dabei ständig mit dem Schneebesen rühren. Die Hitze auf niedrig herunterschalten und die Masse etwas eindicken lassen. Nun den Topf vom Herd nehmen und die Füllung abkühlen lassen.
2. Wenn der Teig sein Volumen verdoppelt hat, wird er zu einem großen Rechteck ausgerollt und mit der Füllung bestrichen. Nun wird der Teig von der längeren Seite her zu einer Rolle gewickelt und in 16 gleich dicke Scheiben geschnitten. Diese kommen in eine gefettete Springform (26 cm Durchmesser). Die Pumpkin Pie Buns bedeckt noch einmal 45 Minuten gehen lassen, bis sie ihr Volumen verdoppelt haben.
3. Den Ofen auf 180 Grad vorheizen und die Buns 30 - 35 Minuten backen. Mit dem Guss (s. u.) bedecken.

Für den Guss:
1. Den Frischkäse mit Butter fluffig schlagen, dann Puderzucker dazugeben und weiterschlagen, bis die Konsistenz glatt ist. Nun unter Rühren den Salzkaramell hinzugeben, bis die gewünschte Textur entsteht. Etwas Salzkaramell für die Deko aufsparen.
2. Die abgekühlten Pumpkin Pie Buns mit dem Frosting bestreichen und mit dem restlichen Salzkaramell und ein paar gerösteten Kürbiskernen (optional) bestreuen!

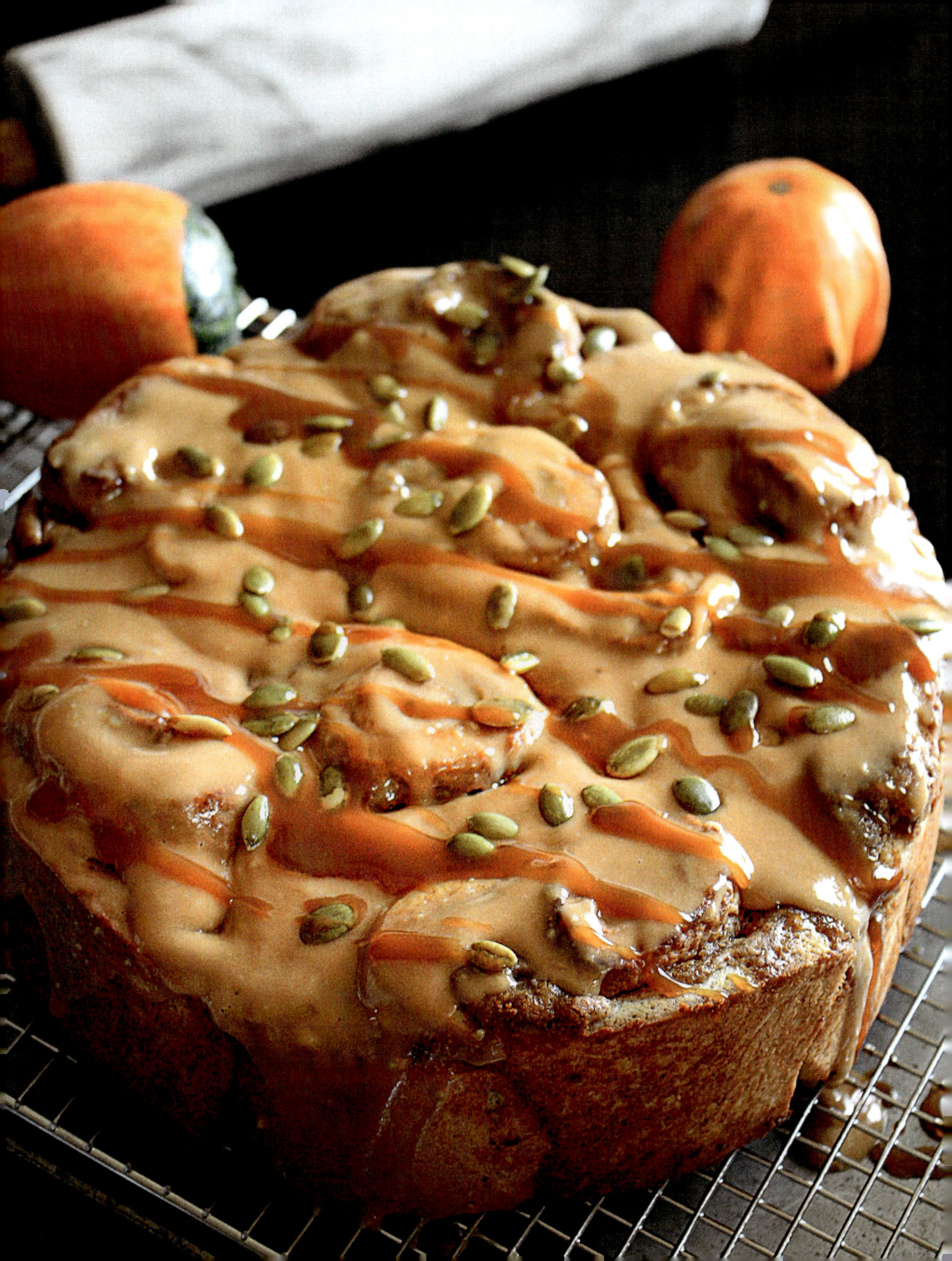

Winter
....

Wir müssen von Zeit zu Zeit eine Rast einlegen und warten, bis uns unsere Seelen wieder eingeholt haben.

Indianische Weisheit

Cranberry Vanilla Curd

Curd ist ein in Großbritannien und Nordamerika sehr beliebter Aufstrich aus Früchten, Butter, Zucker und Eiern. In Kanada wird die süße Creme gerne mit Cranberries zubereitet. Mein weihnachtliches Cranberry Curd schmeckt ganz klassisch als Brotaufstrich, passt aber auch perfekt zu meinen gebratenen Haferecken (S. 113) oder zu allen Arten von Desserts.

Für 1 x 400 ml Glas

Zutaten

60 g kalte Butter, gewürfelt
200 g Cranberries, frisch oder TK
250 ml Wasser
100 g Zucker
¼ TL Salz
Mark ½ Vanilleschote
4 Eigelb

Zubereitung

1. Butterwürfel ins Gefrierfach geben.
2. Cranberries mit dem Wasser in einen Topf geben und alles aufkochen lassen. Die Temperatur zu einem Köcheln reduzieren und die Früchte etwa 12 Minuten weichkochen lassen. Dabei immer wieder mit der Gabel Früchte zerdrücken. Sollte die Mischung zu dick werden, einen Schuss Wasser zugeben.
3. Sobald die Fruchtmischung Kompott-Textur hat, alles durch ein feines Sieb in einen kleinen Topf passieren. Nur die zerkochten Schalen der Cranberries sollten im Sieb zurückbleiben.
4. Fruchtmark mit Zucker, Salz und Vanillemark auf mittlerer Stufe erhitzen und rühren, damit sich der Zucker auflöst.
5. Eigelb in einer Schüssel verquirlen und 2 bis 3 EL des heißen Fruchtbreis unterrühren. In einem dünnen Strom die Hälfte der Cranberriemischung in die Eimischung einlaufen lassen und dabei unentwegt rühren. Die Eiermischung in den Topf mit der restlichen Fruchtmischung geben und alles unter Rühren erwärmen, bis das Curd andickt. Dies sollte bei rund 73 Grad passieren. Das Curd sollte auf keinen Fall kochen, da es sonst gerinnt.
6. Topf vom Herd nehmen und eiskalte Butter unterrühren. Curd in ein sauberes Glas füllen und kühl stellen.

Das abgekühlte Curd kann wie Marmelade in Gläser abgefüllt werden und hält sich danach bis zu zwei Wochen im Kühlschrank.

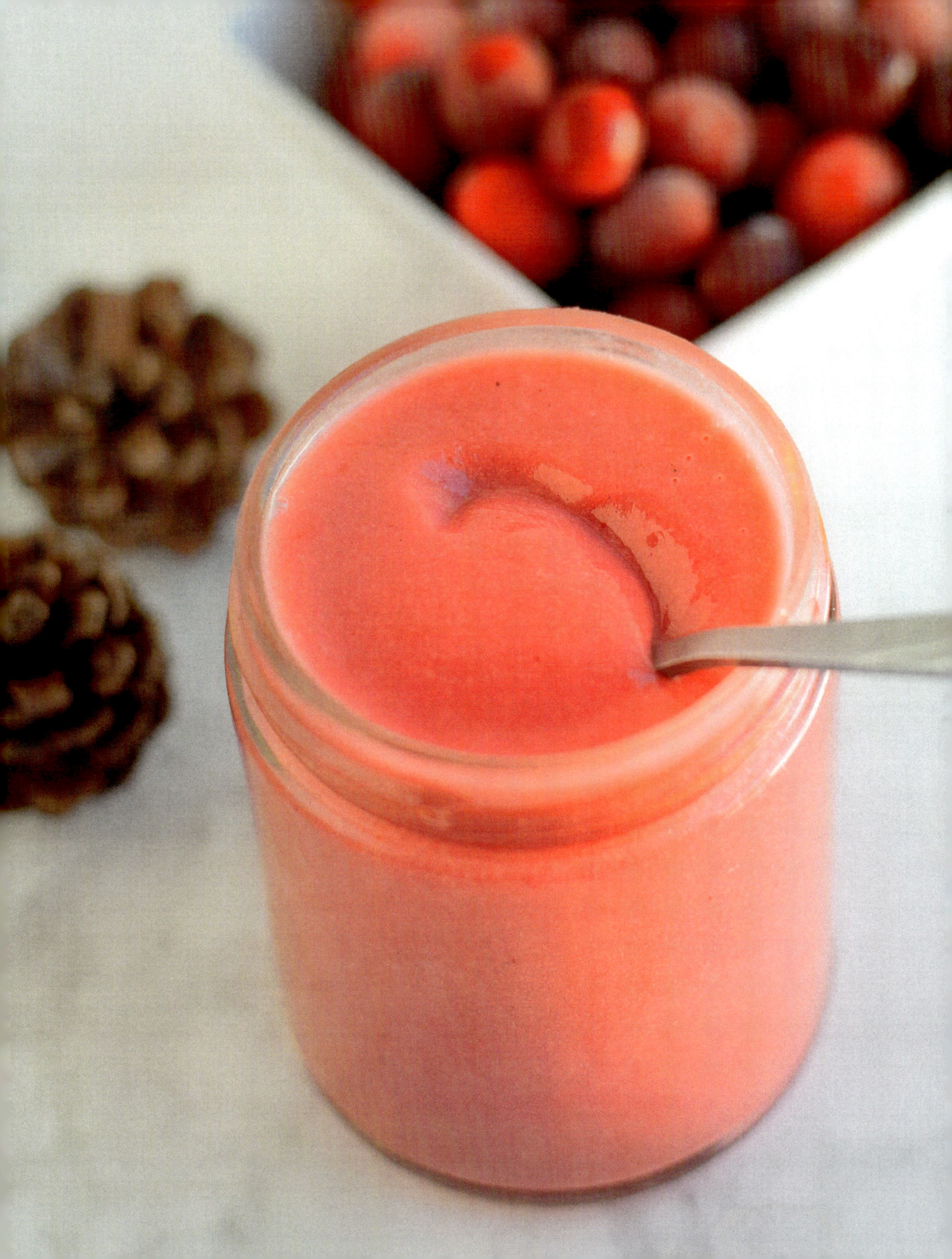

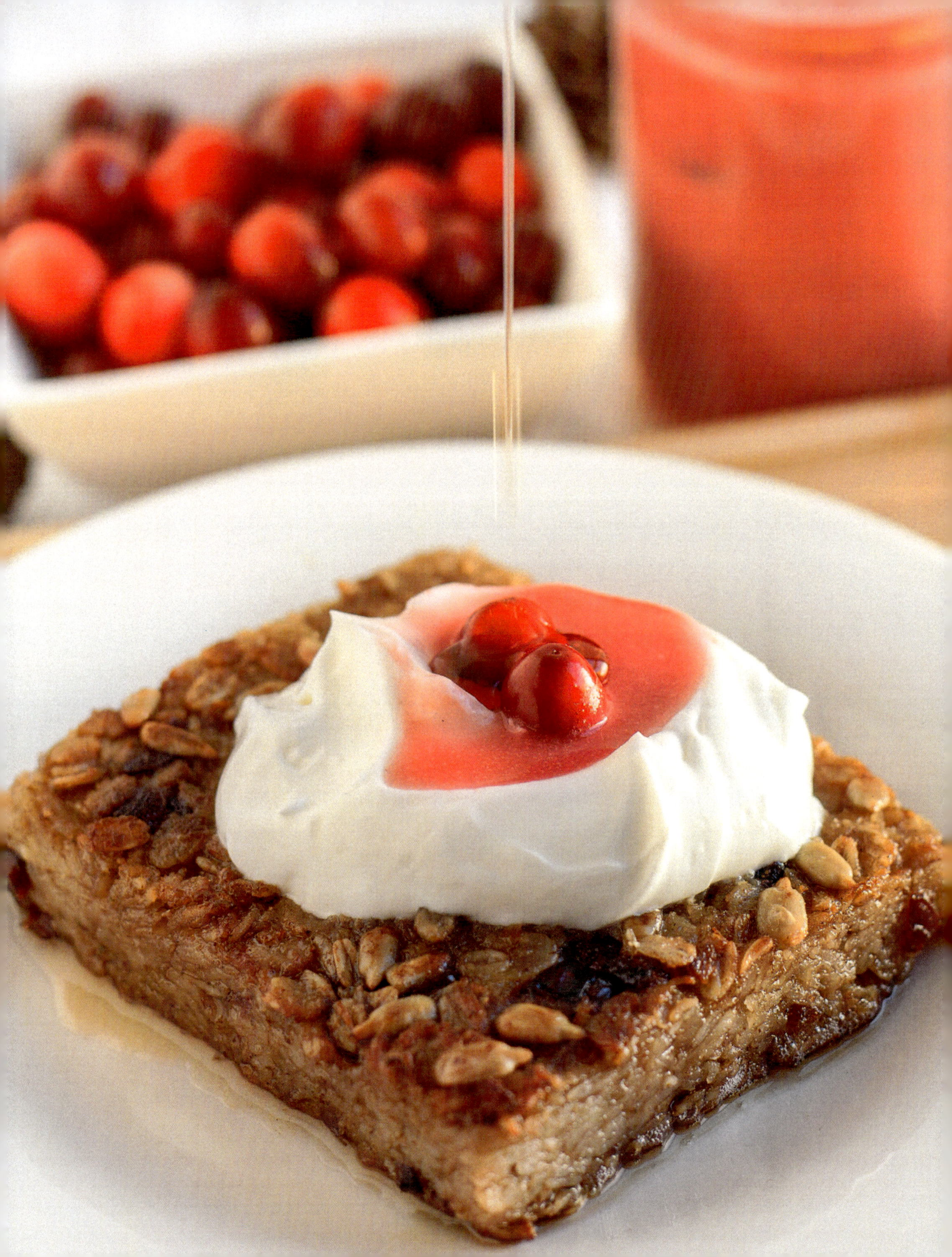

Fried Oatmeal mit Chai-Gewürz, griechischem Joghurt & Cranberry Curd

Für 4 Portionen

Zutaten

½ TL Salz
4 EL brauner Zucker
180 g Haferflocken (2 Tassen)
1 TL Zimt
½ TL Kardamom
¼ TL Muskatnuss
2 EL Butter oder Nussbutter
50 g Cranberries, getrocknet
2 EL Sonnenblumenkerne
4 EL Cranberry Curd (siehe S.110)
4 EL griechischer Joghurt

Zubereitung

1. Eine Kastenform mit Frischhaltefolie auslegen.
2. In einem mittelgroßen Topf 500 ml Wasser mit Salz zum Kochen bringen. Zucker, Haferflocken, Gewürze und Butter einrühren und die Temperatur zu einem leisen Köcheln reduzieren. Haferflocken unter Rühren 7 bis 10 Minuten köcheln lassen. Wenn die Masse zu trocken wird, einen kleinen Schuss Wasser zugeben.
3. Die Cranberries und Sonnenblumenkerne einrühren, die Masse in die vorbereitete Form streichen und mit befeuchteten Händen gut andrücken.
4. Oatmeal im Kühlschrank erkalten lassen, dann in 4 gleich große Stücke schneiden.
5. In einer mittelgroßen Pfanne 2 bis 3 EL Butter auf mittelhoher Hitze schmelzen und die Haferflockenecken von beiden Seiten goldbraun braten lassen.
6. Die gebratenen Haferecken mit Cranberry Curd (S. 110) und griechischem Joghurt servieren.

Pink Hot Chocolate

Für 2 Tassen

Zutaten

500 ml Milch
1 Prise Salz
150 g weiße Schokolade, fein gehackt
2 El Cranberry Sirup
2 El Orangenlikör
Schlagsahne, zum Servieren

Zubereitung

1. Die Milch mit dem Salz in einem Topf auf mittelhoher Stufe erwärmen.
2. Die gehackte Schokolade zugeben und unter Rühren in der Milch schmelzen.
3. Sirup und Orangenlikör unterrühren, auf 2 Gläser verteilen und mit Schlagsahne servieren.

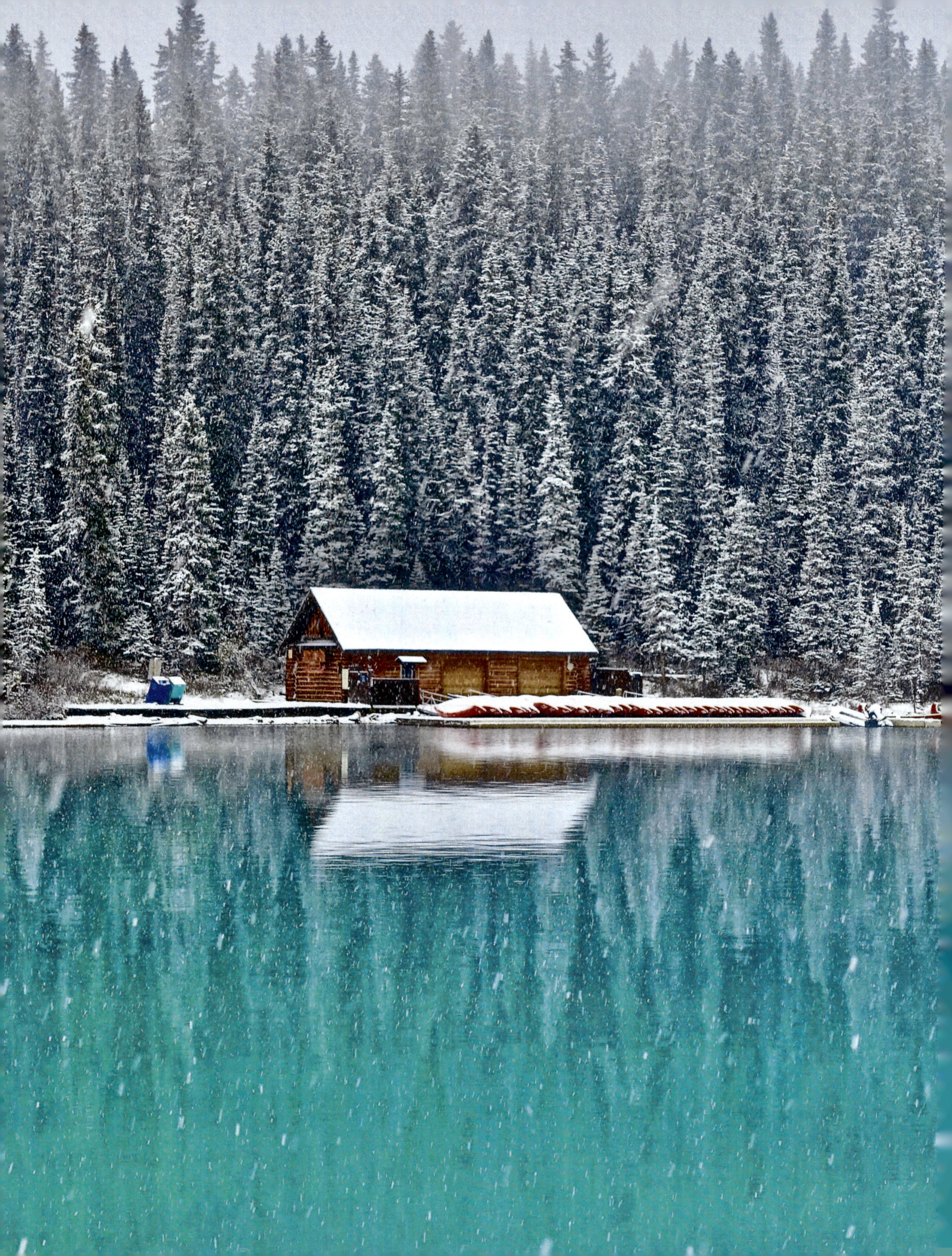

Caribou

Der Legende nach geht die Erfindung dieses hochprozentigen Wärmeelixirs auf die Jäger der Kolonialzeit zurück, die nach der Jagd das Blut der erlegten Karibus mit Whisky mischten und zur Stärkung tranken. Mittlerweile hat sich eine blutlose Alternative mit einer Basis aus Rot- oder Portwein durchgesetzt. Besonders beliebt ist der Caribou während des weltweit größten Winter-Karnevals in Quebec.

Zubereitung

1. Alle Zutaten in einem großen Topf vermischen und auf mittlerer Stufe erhitzen, aber nicht zum Kochen bringen.
2. Die Temperatur reduzieren, alles gut durchrühren und etliche Minuten ziehen lassen. Heiß servieren.

Für 5 Tassen

Zutaten

750 ml Rotwein
250 ml Portwein
375 ml Whisky oder Bramdy
100 ml Ahornsirup
1 Zimtstange
3 Gewürznelken

Kanadische Weihnachtssternchen

Zubereitung

1. Die Walnüsse für den Teig in einer Pfanne ohne Fett rösten, abkühlen lassen und in einer Küchenmühle grob mahlen.
2. Mehl, Backpulver, Nüsse, Salz und Gewürze vermischen. Butter und Zucker mit dem Handmixer 4-5 Minuten cremig schlagen. Ahornsirup zugeben und die trockenen Zutaten unterrühren. Den Teig zu einer Kugel formen und ein paar Stunden oder über Nacht im Kühlschrank ruhen lassen.
3. Den Ofen auf 175 Grad vorheizen. Den Teig auf einer bemehlten Arbeitsfläche 5 mm dünn ausrollen und mit einem Sternausstecher Kekse ausstechen. Die Sterne mit etwas Abstand auf ein mit Backpapier ausgelegtes Blech legen.
4. Die Sterne ca. 8 bis 10 Minuten backen und auskühlen lassen. Aus Puderzucker, Ahornsirup und einem EL Wasser oder Whiskey eine dicke Glasur anrühren und die Kekse damit bestreichen. Jeweils eine Walnusshälfte auf die noch feuchte Glasur setzen und die Glasur trocknen lassen.
Die Sterne in Blechdosen lagern.

Für 65 Stück

Zutaten

70 g Walnüsse
300 g Vollkornmehl
1 gestr. TL Backpulver
1/2 TL Zimt
1/4 TL Muskat
1 Prise Salz
200 g Butter, weich
150 g Puderzucker
100 g Ahornsirup

Für Deko und Glasur:
200g Walnusshälften
125 g Puderzucker
1 EL Ahornsirup
1 El Wasser oder Whiskey

Für 4 bis 6 Personen

Bier-Käse-Suppe mit Bacon

Zutaten

1 Stange Lauch, der helle Teil
2 Karotten
½ Sellerieknolle
3 EL Olivenöl
4 Scheiben Bacon
500 ml Vollmilch
1 Zwiebel, fein gehackt
3 Knoblauchzehen, fein gehackt
1 Lorbeerblatt
1 Zweig Thymian
40 g Butter
40 g Mehl
500 ml Brühe
350 ml Bier (helles)
1 EL Worcestersoße (optional)
1 TL Dijon-Senf
¼ TL Muskatnuss
450 g Cheddar oder Gouda, gerieben
Salz, Pfeffer, Zucker

Zubereitung

1. Den Ofen auf 200 Grad vorheizen. Lauch, Karotten und Sellerie waschen, bei Bedarf schälen und in grobe Stücke schneiden. Mit 3 EL Olivenöl vermischen und gut salzen und pfeffern. In eine Form geben und etwa 45 Minuten im Ofen backen, bis alles weich und gebräunt ist.
2. Bacon in eine beschichtete Pfanne legen und diese auf mittlerer Temperatur erhitzen. Bacon ca. 5 Minuten von der einen Seite braten, bis sie knusprig ist, und dann noch mal 3 Minuten von der anderen Seite. Aus der Pfanne nehmen und auf einem mit Küchenpapier ausgelegten Teller abtropfen lassen. Das Fett aufsparen.
3. In einem Topf die Milch erhitzen. Bacon-Fett in einem großen Topf auf mittlerer Stufe erhitzen. Zwiebel, Knoblauch, Lorbeerblatt und Thymian beifügen und dünsten, bis die Zwiebelstücke glasig sind. Zwiebelmischung in eine Schüssel geben und beiseitestellen.
4. Butter in den Topf geben. Sobald diese zu brutzeln beginnt, Mehl einrühren. Mehlschwitze unter Rühren ein paar Minuten braten lassen, bis sie sich golden färbt. Heiße Milch langsam zugeben und dabei gut mit dem Schneebesen rühren. Eine Minute kochen lassen.
5. Brühe, Bier, Worcestersoße und die Gewürze zugeben. Alles 5 Minuten köcheln lassen.
6. Geröstetes Gemüse aus dem Ofen nehmen, pürieren und in den Topf geben. Käse untermischen und gut rühren, bis der Käse geschmolzen ist. Die Suppe sollte nun nicht mehr kochen.
7. Bacon in kleine Stücke brechen. Suppe vor dem Servieren mit Salz, Zucker und Pfeffer abschmecken und mit Bacon bestreut servieren.

Für 10 Muffins

Double Corn Muffins

Zutaten

160 g Mehl
1 EL Backpulver
1 TL Salz
50 g Zucker
115 g gelbes Maismehl
1 Msp Muskat
2 Eier
125 ml Milch
125 ml saure Sahne
1 Tl Vanille-Extrakt
4 EL geschmolzene Butter
200 g Maiskörner aus der Dose, abgetropft
3 EL Sonnenblumen- oder Kürbiskerne

Zubereitung

1. Den Ofen auf 230 Grad vorheizen und eine Muffinform mit Papierförmchen auslegen.
2. Die ersten 6 Zutaten in einer Schüssel vermischen.
3. Eier, Milch, saure Sahne, Vanille und Butter verrühren und zu der trockenen Mischung geben. Alles vermengen, bis der Teig gerade so zusammenkommt.
4. Mais und Kerne unterrühren und den Teig in die Förmchen geben. Muffins in den Ofen geben und die Temperatur sofort auf 200 Grad verringern. Muffins ca. 18 bis 20 Minuten backen. Nach 15 Minuten die erste Stäbchenprobe machen.
5. Muffins etwas abkühlen lassen und genießen.
Tipp: Wer möchte, kann noch eine Handvoll geriebenen Käse unter den Teig rühren!

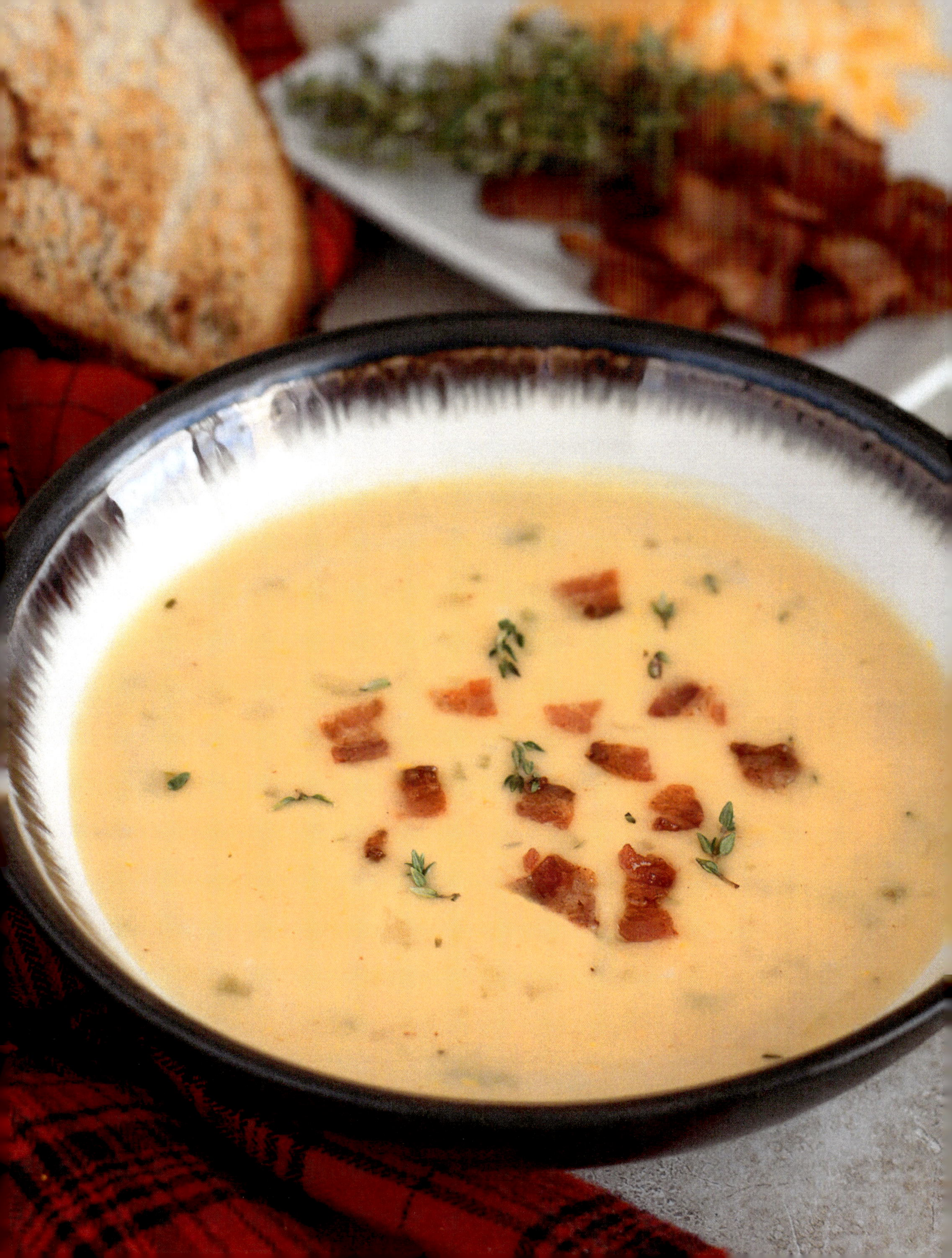

Montreal Bagels

Für 16 Bagel

Zutaten

370 ml warmes Wasser
14 g Trockenhefe
1 TL Zucker
1 Ei
1 Eigelb
60 ml Olivenöl
125 ml Honig
1,5 TL Salz
650 bis 750 g Mehl
60 ml Malzsirup oder Honig

Außerdem: Sesam, Mohnsamen, Sonnenblumenkerne, Salzkörner zur Deko

Zubereitung

1. In einer großen Schüssel Wasser, Hefe und Zucker vermischen. Ei, Eigelb, Öl und Honig hinzufügen und alles gut verrühren. Mehl und Salz in einer separaten Schüssel mischen. 650 g Mehl nun nach und nach zu der flüssigen Mischung geben und alles mit dem Knethaken des Handrührgeräts zu einem glatten, geschmeidigen Teig verarbeiten. Bei Bedarf die restlichen 100 g Mehl zum Teig geben. Den Teig zu einer Kugel formen, in eine geölte Schüssel geben, mit einem sauberen Küchenhandtuch oder Küchenfolie bedecken und ca. 30 Minuten an einem warmen Ort ruhen lassen.
2. Den Teig aus der Schüssel nehmen und auf einer leicht bemehlten Arbeitsfläche durchkneten, dann in 16 gleich große Stücke teilen.
3. Teiglinge zu Kugeln rollen und diese leicht platt drücken. Einen Kochlöffelstiel durch die Mitte bohren und das Loch durch kreisende Bewegungen erweitern. Es soll etwa 4 cm groß sein. Die Bagels mit ausreichendem Abstand (da sie noch aufgehen) nebeneinander auf ein mit Backpapier ausgelegtes Blech legen. Abdecken und wieder eine halbe Stunde gehen lassen
4. Das Rohr auf 210 Grad vorheizen. Einen großen, breiten Topf zur Hälfte mit Wasser füllen. Den Malzsirup oder Honig hinzugeben und alles zum Kochen bringen.
5. Die Toppings einstweilen auf einem flachen Teller mischen und neben dem Herd bereitstellen.
6. Jeweils zwei „Teig-Rohlinge" mit der Oberseite nach unten vorsichtig in das kochende Wasser legen, etwa 30 Sek. ziehen lassen, dann behutsam umdrehen und nochmals 30 Sekunden ziehen lassen. Mit einer Schaumkelle herausnehmen, kurz abtropfen lassen und mit der Oberseite in die Toppings legen.
7. Bagels auf ein mit Backpapier ausgelegtes Backblech geben. Die Montreal Bagels im Ofen ca. 25 Minuten goldbraun backen. Das Blech nach der Hälfte der Backzeit einmal drehen, sodass die Bagels gleichmäßig bräunen.

Was dem Deutschen die Brezel, ist dem Kanadier der Bagel. Am beliebtesten ist die Version „with everything" – mit einer bunten Mischung aus Körnern und Samen bestreut.

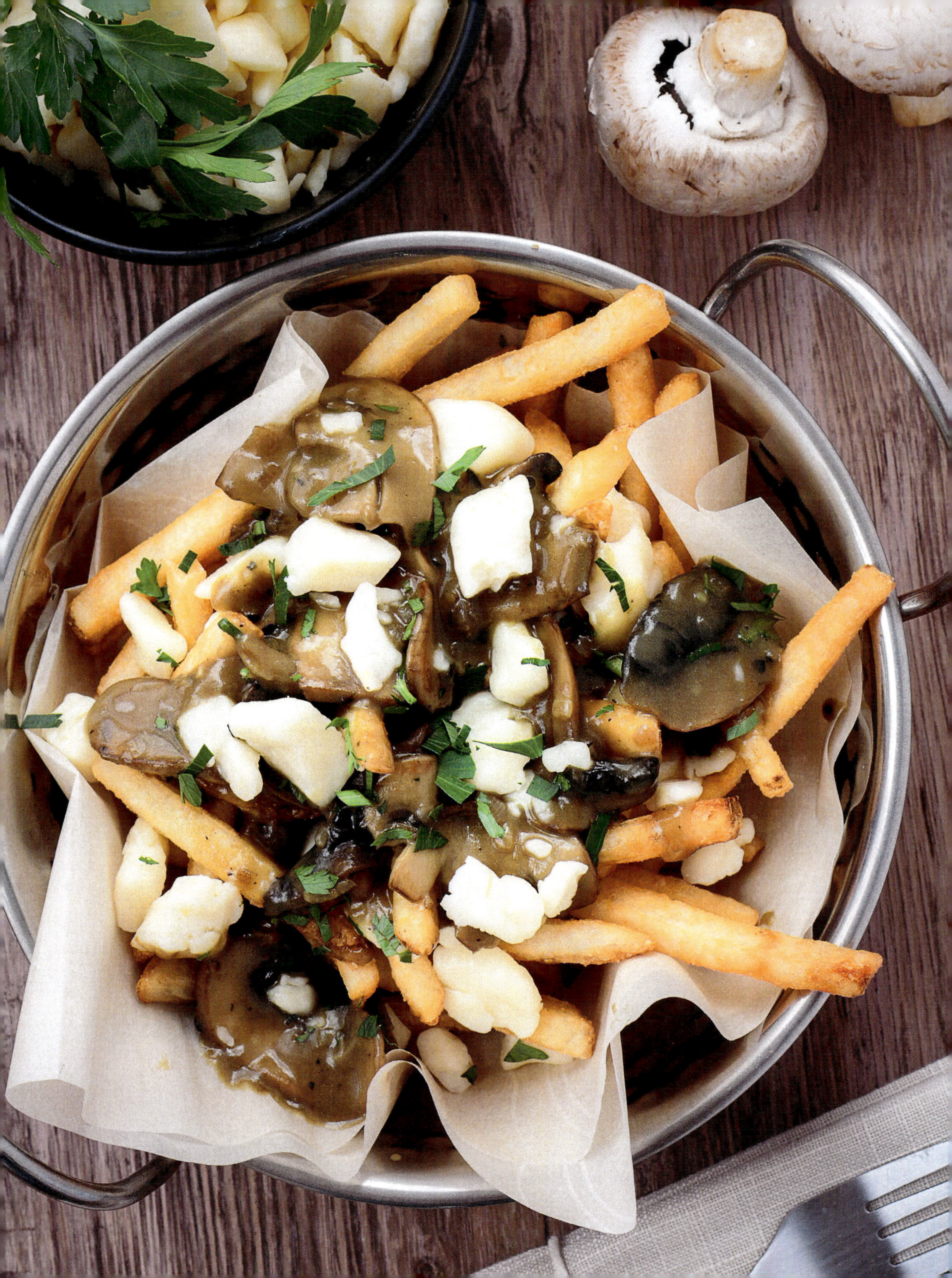

Veggie – Poutine mit Pilzsoße

"Poutine" ist Quebecer Dialekt für "Sauerei" und tatsächlich wird dieses Gericht wohl keinen Schönheitswettbewerb gewinnen. Dennoch hat sich dieser bei Nachtschwärmern beliebte Kater-Killer weltweit einen Namen gemacht. Das klassische Rezept besteht aus frischem Käsebruch (die festen Bestandteile der Dickmilch) auf einem Bett aus Pommes, serviert mit hausgemachter Bratensoße. Hier meine vegetarische Version mit selbstgemachter Pilzssoße statt Bratensoße.

Für 2 Personen

Zutaten

Für die Soße:
1 EL Pflanzenöl
1 Zwiebel, fein gewürfelt
200 g Champignons, in Scheiben geschnitten
1 EL Butter
1 Knoblauchzehe, fein gehackt
1 Zweig Rosmarin
1 TL Zucker
65 ml Rotwein
2 EL Butter
2 EL Mehl
400 ml Gemüsebrühe
Saft von ½ Zitrone
Salz, Pfeffer

Für das Poutine:
1 x Rezept für Soße (s.o)
Pommes Frites für 2 Personen (ca. 400 g)
200 g Cheddar, Ricotta oder Mozzarella, auf Raumtemperatur
frische Petersilie, zur Deko

Zubereitung

1. In einem mittelgroßen Topf Öl auf mittelhoher Stufe erhitzen und Zwiebel etwa 5 Minuten anbraten, bis sie glasig ist. Pilze und Butter hinzufügen und alles unter gelegentlichem Rühren braten lassen, bis die Pilze leicht karamellisiert aussehen.
2. Knoblauch, die fein gehackten Nadeln vom Rosmarin und Zucker in die Pfanne geben und alles eine weitere Minute anbraten lassen.
3. Mit Rotwein ablöschen und dabei mit einem Kochlöffel gut den Topfboden abkratzen. Temperatur reduzieren und Wein einreduzieren lassen.
4. In einer kleinen Pfanne auf mittlerer Stufe Butter schmelzen und leicht aufschäumen lassen. Mehl einrühren und Mehlschwitze unter Rühren ein bis 2 Minuten anbraten lassen. Diese Mischung in die Pilze einrühren, dann nach und nach die Brühe zugeben und alles leise köcheln lassen, bis die Soße dickflüssig und glänzend ist. Mit Zitronensaft, Salz und Pfeffer abschmecken und warmstellen.
5. Die Pommes Frites nach Belieben in heißem Fett oder im Backofen zubereiten. Fertige Fritten gut salzen.
6. Käse in kleine Stücke zupfen oder schneiden. Bei Ricotta können mit einem Teelöffel Häufchen ausgestochen werden.
7. In zwei Schüsseln Pommes, Soße und Käse nach Belieben schichten und sofort genießen.

Tipp: Die obligatorischen Cheese Curds (Käsebruch) sind in Deutschland schwer zu finden, doch Cheddar, Ricotta oder Mozzarella sind tolle Alternativen.

Wildschwein-Meatballs mit Cranberrysoße

Für 2-3 Personen

Die kleinen Fleischbällchen aus Wildschweinhack sind ein Geheimtipp für kalte Tage. Die glänzende, fruchtige Cranberrysoße, die die Meatballs ummantelt, passt einfach perfekt zu dem herzhaften Wildgeschmack und verleiht dem Gericht eine wunderbar winterliche Note. Dazu reiche ich besonders gerne eine große Schüssel Kartoffelpüree und grünen Salat.

Zutaten

Für die Meatballs:
40 g getrocknete Cranberries
100 ml Portwein oder Rotwein
500 g Wildschweinhack (alternativ Rinderhack)
1,5 TL Salz
1 TL Kreuzkümmel
1 TL Koriander
1 TL Chilipulver
1 Tl schwarzer Pfeffer

Für die Soße:
60 ml Rotwein
60 ml BBQ-Soße oder Ketchup
200 g angedickte Cranberries oder Preiselbeeren
1 EL Sojasoße

Zubereitung

1. Die Cranberries über Nacht im Portwein einweichen lassen. Am nächsten Tag aus der Flüssigkeit nehmen und grob hacken. Die Einweichflüssigkeit aufsparen.
2. Cranberries in einer großen Schüssel mit Wildschweinhack, Salz und den Gewürzen mischen und die Masse gut durchkneten.
3. Aus je einem gehäuften Esslöffel kleine Fleischbällchen rollen. Diese in eine Auflaufform geben und 30 Minuten backen bzw. bis sie eine Innentemperatur von 70 Grad haben.
4. In einem mittelgroßen Topf alle Zutaten für die Soße mischen, die Einweichflüssigkeit von den Cranberries zugeben und alles aufkochen lassen. Die Hitze reduzieren und alles ca. 5 Minuten auf niedriger Stufe köcheln lassen, bis die Soße eine dickliche Konsistenz hat.
5. Die fertigen Meatballs aus der Auflaufform direkt zu der Cranberry-Soße geben. Einmal gut umrühren, den Deckel auflegen und ca. 2 Minuten köcheln lassen.
6. Mit Kartoffelpüree oder Nudeln servieren.

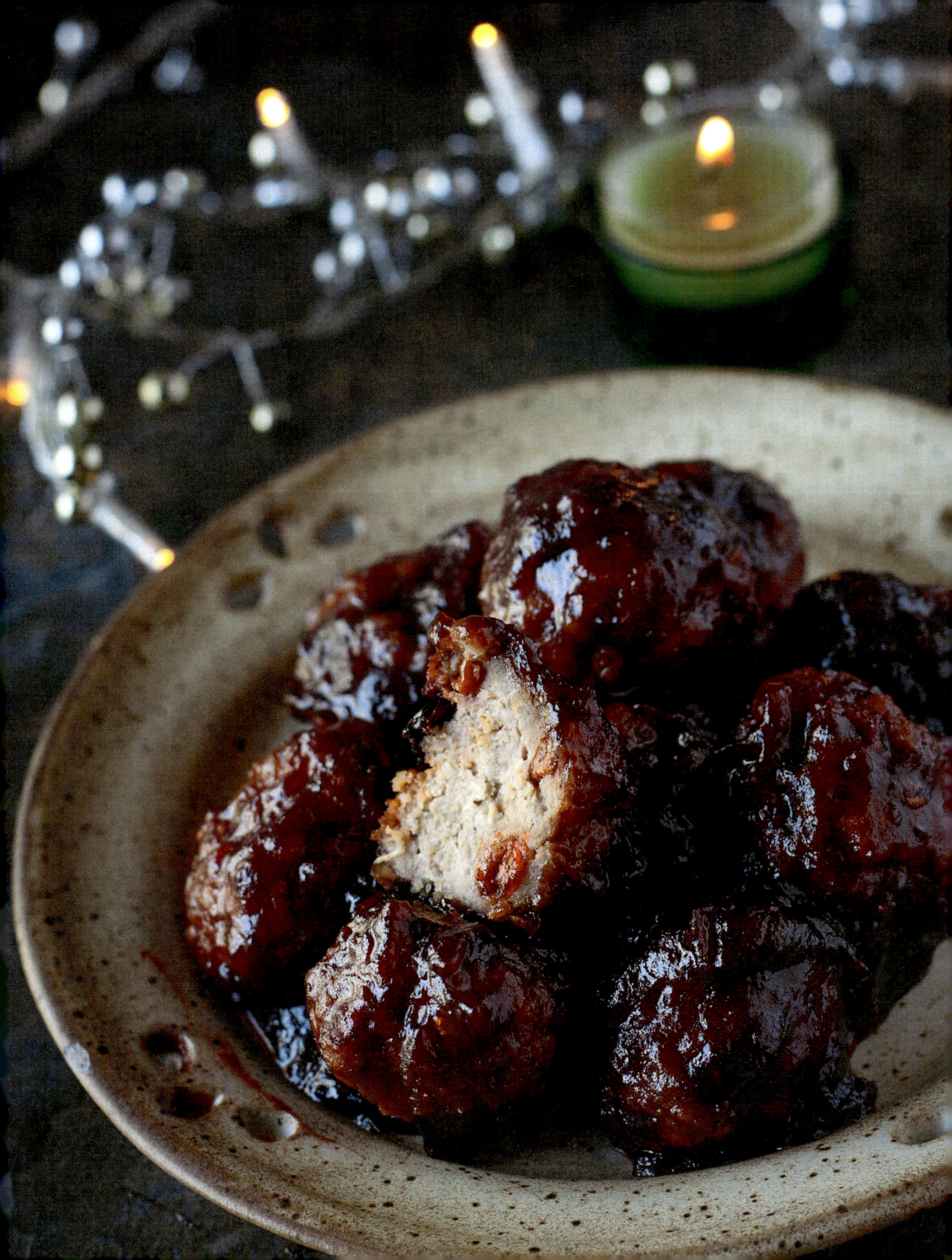

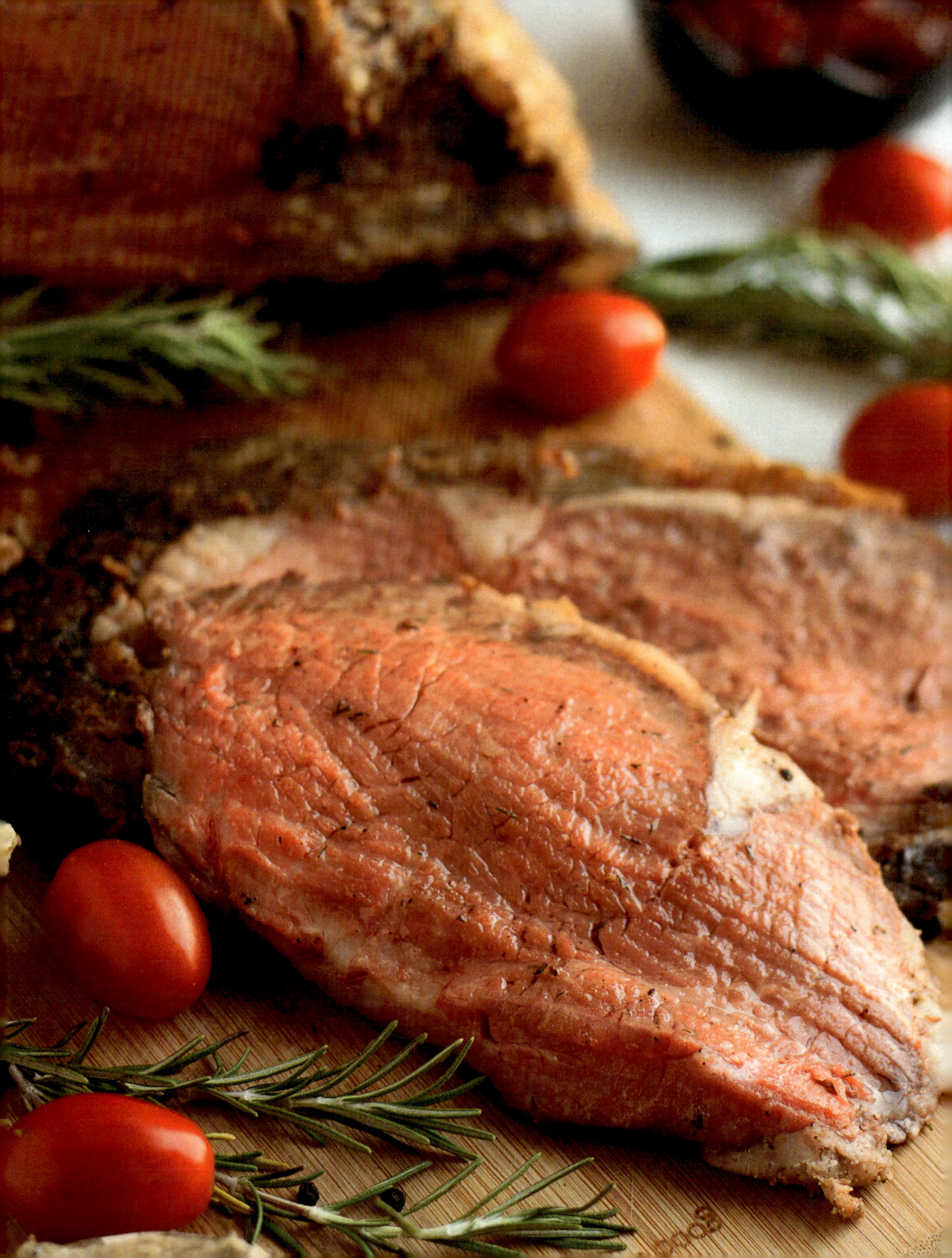

Prime Rib – Hochrippe mit Montreal-Steak-Spice

Für 6 Personen

Zutaten

Ein ca. 6 Pfund * Stück Hochrippe (2,7 bis 2,8 kg)
3 EL Butter, zimmerwarm
2 EL Montreal-Steak-Spice
1 EL Salz

* 1 Pfund = 453 g

Zubereitung

Wichtig: Das Fleisch muss vor dem Zubereiten auf Raumtemperatur gebracht werden, was bei einem Stück dieser Größe gut 4 bis 5 Stunden dauern kann.

1. Die Butter mit dem Montreal-Steak-Gewürz gut verrühren und das Fleisch damit von allen Seiten einstreichen. Mit etwas mehr Salz bestreuen.
2. Den Ofen auf 260 Grad vorheizen. Das Fleisch pro Pfund für 5 Minuten backen. Bei einem Stück von 2,8 kg bzw. 6,2 Pfund sind das also 31 Minuten. Den Ofen nach Ablauf der Zeit ausschalten und das Fleisch 2 Stunden im Ofen ziehen lassen. Dabei die Tür zu keinem Moment öffnen, da das die Temperatur zu drastisch reduzieren würde.
3. Das Fleisch muss nach Ablauf der 2 h nicht mehr weiter ruhen und kann sofort angeschnitten werden. Dazu passen grüne Bohnen, Kartoffelpüree und Meerrettich.

Montreal-Steak-Spice

Zutaten für 1 kleines Schraubglas

2 EL Pfefferkörner
1 EL gelbe Senfkörner
1 EL Koriandersamen
2 TL Dillsamen oder 1 EL Dill, getrocknet
1 EL Salz
1 EL Knoblauchpulver
2 TL rote Chiliflocken

Zubereitung

1. Eine kleine Pfanne ohne Fett auf mittelhoher Stufe erhitzen und Pfeffer, Senfkörner, Koriander- und Dillsamen hineingeben. Bei Verwendung vom getrocknetem Dillkraut dieses NICHT anrösten, sondern erst zum Schluss untermischen.
2. Gewürze ca. 2 Minuten leicht rösten, bis die Senfkörner beginnen, zu knistern und aufzuplatzen.
3. Gewürze aus der Pfanne nehmen und in einer Gewürzmühle oder einem Mörser grob mahlen. Die restlichen Zutaten beifügen und in einem Schraubglas dunkel lagern. Die Mischung sollte innerhalb eines Monats aufgebraucht werden.

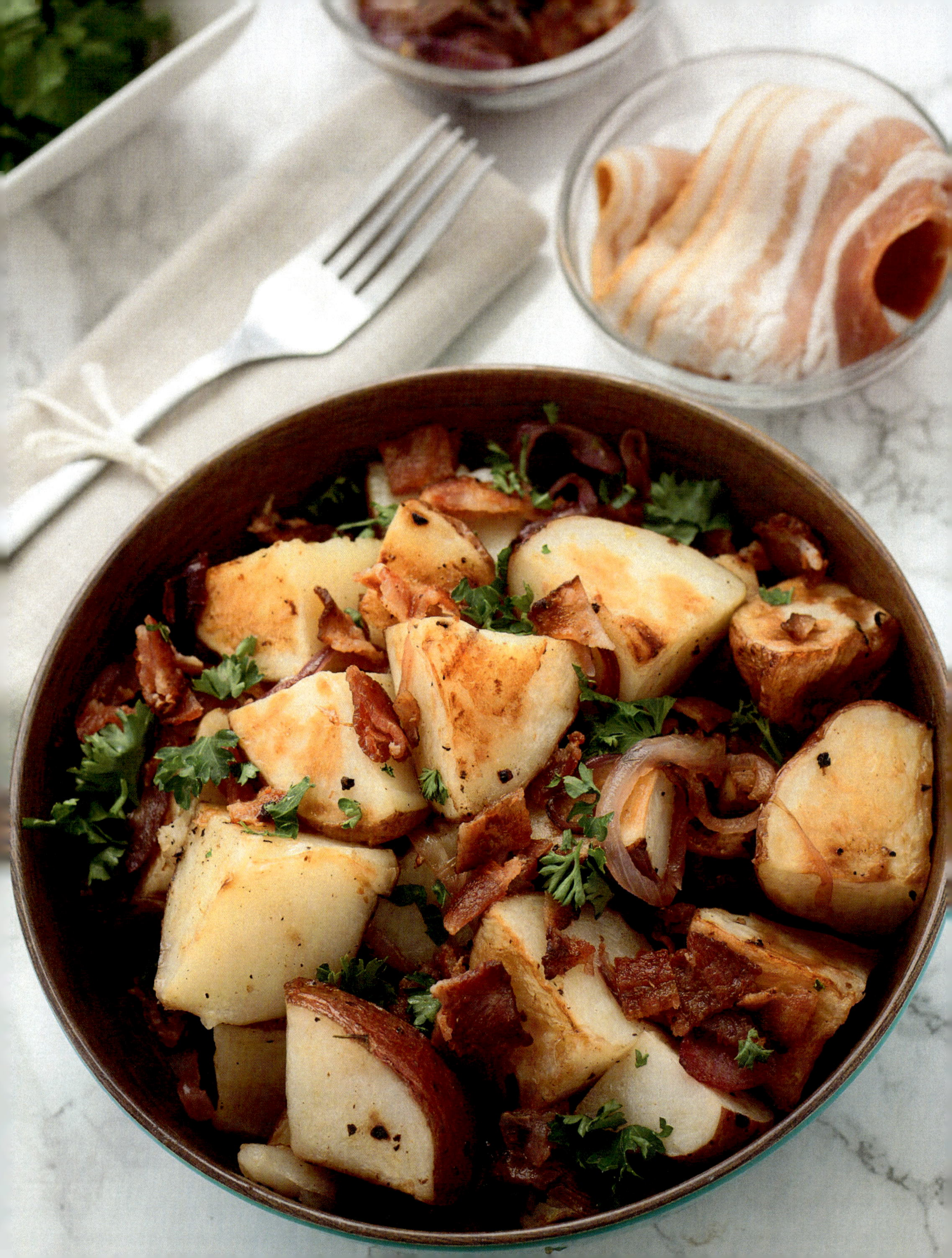

Kartoffelsalat mit warmer Bacon-Vinaigrette

Knusprige Röstkartoffeln, langsam karamellisierte Zwiebeln und eine herzhafte Bacon-Vinaigrette - das ist die Königskombination, die diesen Kartoffelsalat zum Star auf jeder Grillfeier, und das Steak fast zur Nebensache macht. Und das mag in Kanada schon was heißen.

Für 4-6 Personen

Zubereitung

1. Ofen auf 200 Grad vorheizen und ein Blech vorbereiten.
2. Die Kartoffeln je nach Größe halbieren oder vierteln und in einer Schüssel mit 3 EL Olivenöl, Salz und Pfeffer mischen. Im Ofen ca. 35 Minuten backen, bis sie braun und knusprig sind.
3. Butter und 2 EL Olivenöl auf mittlerer Stufe in einer mittelgroßen Pfanne zusammen erhitzen, Zwiebelstreifen sowie eine Prise Salz zugeben und 10 Minuten unter gelegentlichem Rühren anbraten.
4. Zucker in die Pfanne streuen und Zwiebel 2 Minuten goldbraun karamellisieren lassen.
5. Die Bacon-Streifen separat in einer Pfanne ohne Fett auf mittlerer Stufe knusprig braten. Den fertigen Speck auf Küchenpapier legen, das Bacon-Fett in der Pfanne durch ein Sieb in eine kleine Schüssel geben.
6. Für das Dressing den Essig mit Zitronensaft, Senf und Zucker glatt rühren und unter Rühren Olivenöl und Bacon-Fett dazugießen. Mit Salz und Pfeffer abschmecken.
7. Die Bacon-Streifen nun zerkleinern und bereit stellen.
8. Das Dressing noch lauwarm mit den Röstkartoffeln, dem Bacon, den karamellisierten Zwiebeln und der frisch gehackten Petersilie vermengen und sofort servieren.

Tipp: Der Kartoffelsalat schmeckt besonders lecker als Grillbeilage, macht sich aber auch sehr gut zu gebratener Hühnerbrust oder weißem Fischfilet.

Zutaten

Für den Salat:
1,5 kg Kartoffeln, festkochend
5 EL Olivenöl
1,5 TL Salz
1 TL frisch gemahlener Pfeffer
1 El Butter
1 große, rote Zwiebel, in feine Scheiben geschnitten
1 EL Zucker
8-10 Streifen Bacon

Für das Dressing:
3 EL Weißweinessig
Saft 1/2 Zitrone
1 TL Dijon-Senf
2 TL Zucker
1 EL Olivenöl
3-4 EL Bacon-Fett (gewonnen aus Bacon Streifen s.o)

Außerdem:
frisch gemahlener Pfeffer
Salz
1/2 Bund frische Petersilie, gehackt

Tourtière – weihnachtliche Fleischpastete aus Québec

Ein typisch franko-kanadisches Gericht, welches besonders um Weihnachten beliebt ist, da es sich gut vorbereiten lässt und gut für Gäste geeignet ist. Gegessen wird die leckere Pastete mit Ketchup aus grünen Tomaten, aber auch oft mit Preiselbeeren oder Ahornsirup.

Für eine 26 cm Pie Form

Zutaten

Für die Füllung:

1 EL Butter
1 große Zwiebel, fein gehackt
3 Knoblauchzehen, fein gehackt
6 Champignons, fein gehackt
125 ml Rotwein
750 g extra mageres Rinderhack
500 g Schweinehack
1,5 TL Salz
1 TL schwarzer Pfeffer
je ½ TL gemahlener Zimt, Nelken und Piment
½ Tl Muskat, frisch gerieben
1 große Kartoffel, geschält und fein gerieben

Für den Teig:

300 g Mehl
¼ TL Muskat, gemahlen
½ TL Zimt, gemahlen
½ TL Salz
1 TL Backpulver

Zubereitung

1. Butter in einem Topf auf mittlerer Stufe erhitzen. Zwiebel und Knoblauch in den Topf geben und ca. 5 Minuten glasig dünsten. Pilze in den Topf geben und mit anrösten, bis die gesamte Flüssigkeit verdampft ist. Mit Rotwein ablöschen und den Topfboden gut abkratzen. Den gesamten Wein einreduzieren lassen.
2. Hackfleisch und Gewürze hinzufügen und alles kochen lassen, bis das Fleisch durchgebraten ist. Fleisch dabei in kleine Stücke brechen. Die geriebene Kartoffel hinzufügen und alles weitere 10 bis 15 Minuten kochen lassen. Die Füllung mit Salz und Pfeffer abschmecken und abkühlen lassen.
3. Für den Teig die trockenen Zutaten in den Behälter des Foodprocessors geben und mischen. Butter zugeben und mit dem Messeraufsatz alles zerkleinern, bis die Textur Brotkrumen ähnelt. Nun das Wasser zugeben und alles weitermixen. Mit 70 ml Wasser anfangen und bei Bedarf auf 120 ml erhöhen. Den Teig nur so lange mixen, bis er zusammenhält, wenn er mit den Fingern zusammengedrückt wird.
4. Teig halbieren und jedes Stück zu einer Scheibe (10 cm Durchmesser) formen. Diese einzeln in Plastikfolie einwickeln und mindestens 45 Minuten (oder bis zu 2 Tage) in den Kühlschrank stellen.
5. Ein Backblech in das untere Drittel des Rohrs geben und den Ofen auf 200 Grad vorheizen.
6. Eine Teigplatte aus dem Kühlschrank nehmen und auf einer großzügig bemehlten Arbeitsfläche zu einem Kreis von 36 bis 38 cm ausrollen. Teig lose um das Nudelholz aufrollen und über der Pie-Form abrollen, wobei ringsherum ein Überhang von mindestens 2,5 cm bleiben soll.
7. Den Boden und Rand mehrfach mit der Gabel einstechen, dann die Fleischfüllung in den Pie geben und gut mit dem Löffelrücken andrücken. Jetzt die zweite Teighälfte auf einer großzügig bemehlten Arbeitsfläche zu einem Kreis mit 28 cm Durchmesser (ca. 3 mm dick) ausrollen.

8. Den Teig lose um das Nudelholz wickeln, und über der Pie entrollen. Es sollte mindestens ein 1,25 cm großer Überhang bleiben. Den Teig notfalls etwas zuschneiden. Teigrand nach hinten umschlagen, sodass er bündig mit dem Rand der Form abschließt. Den Rand mit den Zinken einer Gabel versiegeln.

9. Pie-Decke und Kanten mit Eigelb einstreichen und den Pie für etwa 50 bis 55 Minuten in den Ofen geben.

150 g Butter, in Würfel geschnitten und gut gekühlt
70 bis 120 ml eiskaltes Wasser
Außerdem:
1 verquirltes Ei

Sugar Pie (Tarte au Sucre)

Eine verboten leckere und herrlich unkomplizierte Delikatesse aus Québec! Knuspriger Pie-Teig trifft auf eine glänzende, zarte Creme aus Ahornsirup, Eiern, Butter und Sahne! Ein Traum für wahre Süßschnäbel und garantiert jede Kalorie wert!

Für eine Pie-Form

Zubereitung

1. Den Ofen auf 165 Grad vorheizen.
2. In einem mittelgroßen Topf den Ahornsirup zum Kochen bringen, die Hitze reduzieren und alles 5 Minuten einkochen lassen. Butter und Sahne einrühren, bis die Butter komplett geschmolzen ist, dann Hitze abschalten.
3. In einem kleinen Schälchen Mehl und Salz mischen. Einen Schöpflöffel der heißen Ahornsirup-Mischung zum Mehl geben und alles mit dem Schneebesen glatt rühren. In den Topf zurückgießen und alles verrühren.
4. Die Eier in einer mittelgroßen Schüssel verquirlen. Die heiße Ahornsirup-Mischung in einem langsamen Strom unter Rühren mit dem Schneebesen zu den Eiern geben und alles glatt rühren.
5. Diese Mischung in die blindgebackene Pie-Kruste geben und im Ofen 45 bis 55 Minuten backen, bis die Füllung blubbert und sich um den Rand verfestigt. Die Mitte darf ruhig noch leicht schwabbeln.
6. Sugar Pie komplett abkühlen lassen und mit ungesüßter Schlagsahne servieren.

Zutaten

1 x Pie-Kruste, blindgebacken (siehe S. 137)
375 ml Ahornsirup
125 g Butter
125 ml Sahne
2 TL Mehl
2 Prisen Salz
2 Eier (L)

Peanut Butter & Pretzel Nanaimo Bars

Glück im Quadrat! Die sündigen Schnitten kommen ursprünglich aus der Stadt Nanaimo in British Columbia. Seit ihrer Erfindung haben sie sich jedoch im Rekordtempo zur erklärten Lieblingsnascherei der Kanadier entwickelt. Kein Wunder! Das Originalrezept mit Butterkeksboden und Vanille-Buttercreme in der Mitte ist hier zu einer herzhaften Variante mit Salzbrezeln und Erdnussbutter abgewandelt. Snickers-Fans werden diese Schnittchen lieben.

Für 12 – 24 Stück

Zutaten

230 g Salzbrezeln (alternativ Butterkekse oder Salzcracker)
100 g Zucker
180 ml geschmolzene Butter
2 Eier (L)
80 g Kokosflocken
½ TL Zimt
40 g Kakaopulver
320 g Erdnussbutter, cremig
75 g Butter
½ TL Salz
270 g Puderzucker
80 ml Milch
230 g Zartbitterschokolade (70%)
40 g Butter

Zubereitung

1. Eine rechteckige Backform (23 x 33 cm) mit Backpapier auslegen. Den Ofen auf 180 Grad vorheizen.
2. Salzbrezeln im Foodprocessor mahlen. Ein paar gröbere Stücke machen gar nichts, sondern sorgen vielmehr für ein bisschen Knusper.
3. Zucker, Butter und Eier im Mixer ein paar Minuten schaumig schlagen. Mit einem Kochlöffel die gemahlenen Salzbrezeln, Kokosflocken, Zimt und Kakao unterrühren.
4. Diese Mischung in die Backform geben und mit befeuchteten Händen gleichmäßig in die Form drücken. Im Ofen 12 bis 15 Minuten backen bzw. bis der Boden seinen Glanz verliert. Komplett abkühlen lassen.
5. In einem kleinen Topf oder in der Mikrowelle Erdnussbutter, Butter und Salz erwärmen und glatt rühren. Diese Mischung mit dem Handrührgerät aufschlagen. In 3 Durchgängen je abwechselnd einen Teil Puderzucker und Milch zugeben und alles mischen, bis eine glatte Creme entsteht.
6. Erdnussbuttercreme auf den Boden geben, gleichmäßig verstreichen und alles kaltstellen.

7. Für den Guss Schokolade mit Butter über einem Wasserbad schmelzen. Alles verrühren, bis eine glatte Glasur entsteht. Schokoguss über die Erdnusscreme geben und alles mit einer Palette glatt streichen. Die Nanaimo-Schnitten ca. 2 Stunden kühl stellen, dann in beliebig große Quadrate schneiden.

Tipp: Die Nanaimo-Schnitten haben es in sich, weshalb ich sie meist in 24 kleine Quadrate schneide. Die Schnitten halten sich im Kühlschrank gelagert gut einen Monat. Ich wickele sie dazu einzeln in Frischhaltefolie ein.

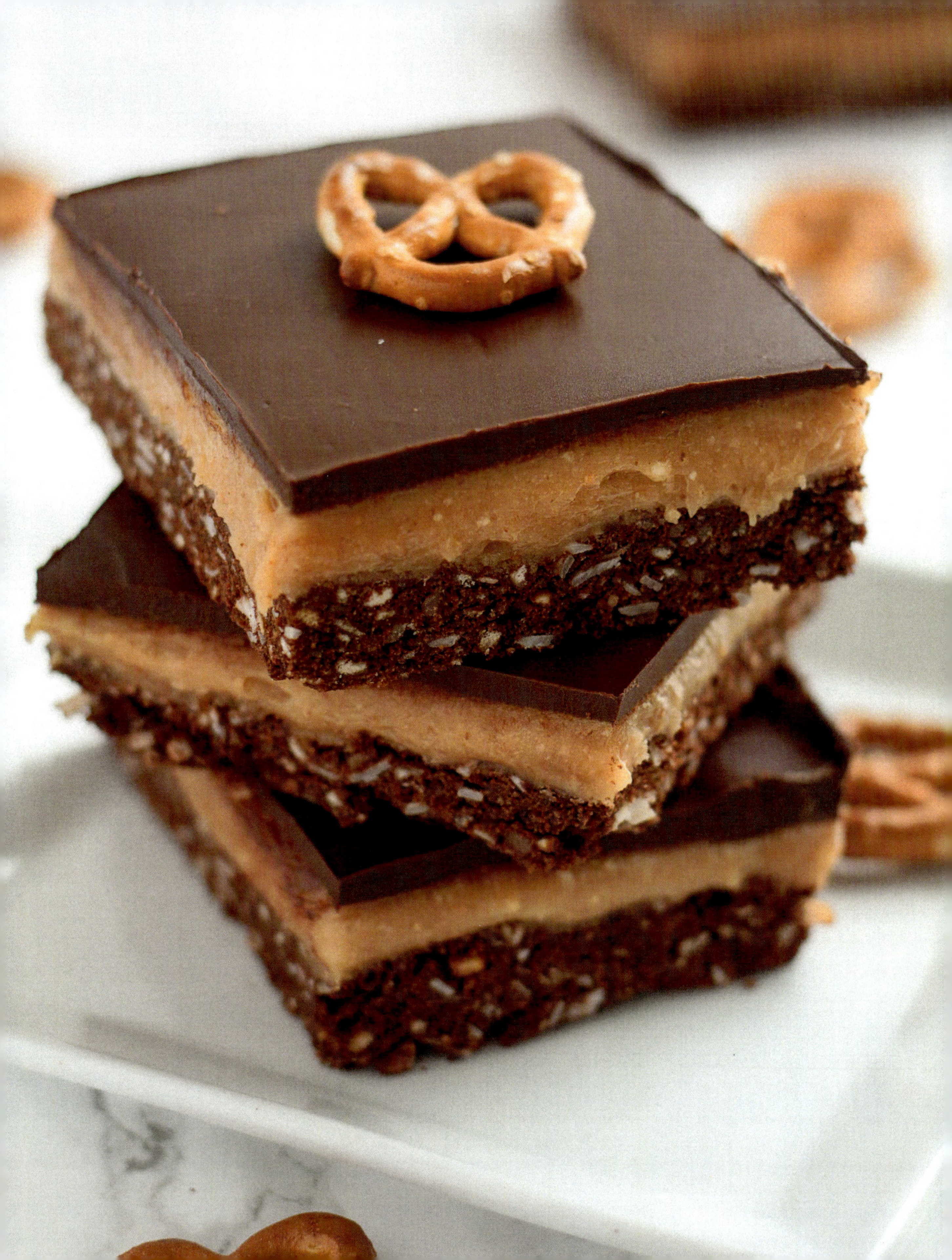

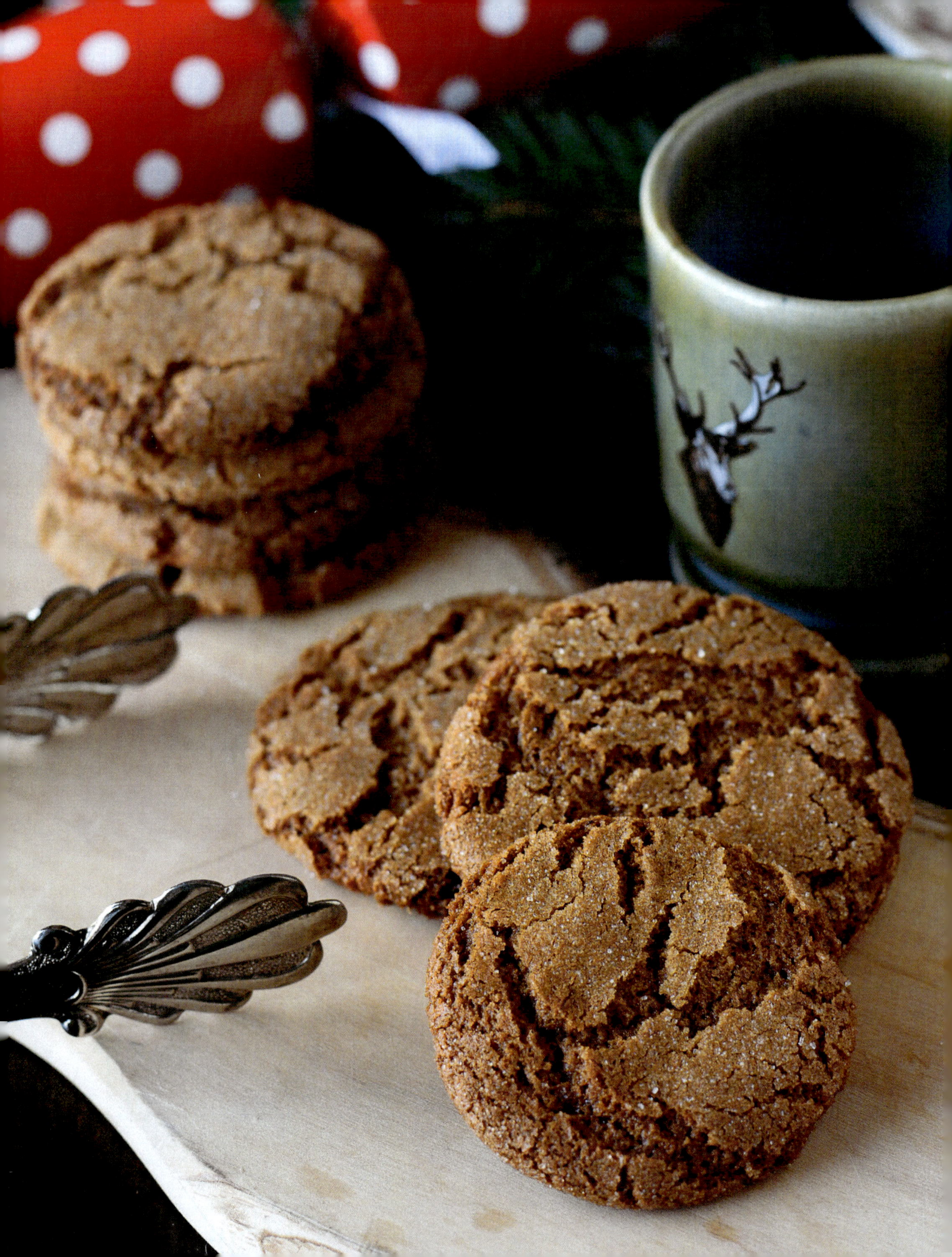

Santa's Fat Gingersnaps

Weiße Weihnacht ist in Kanada meist vorprogrammiert! Ja, schon ab spätestens November sorgen in meiner Wahlheimat Alberta dicke Schneedecken für vorweihnachtliche Stimmung. So mancher stolze Kanadier behauptet deshalb gerne, dass unser Land des langen Winters die eigentliche Heimat von Santa Claus, dem Weihnachtsmann, sei. Ob sich Santa wohl mit einer Dose dieser süchtigmachenden Ingwerplätzchen bestechen lassen würde, seinen Wohnsitz zu verlegen?

Für ca. 40 Cookies

Zutaten

230-250 g Mehl
200 g Zucker + 60 g
1,5 TL Salz
2 TL Natron
2 TL gemahlener Ingwer
½ TL Nelken, gemahlen
1 TL Zimt, gemahlen
¼ TL frisch geriebene Muskatnuss
½ TL schwarzer Pfeffer
140 g Bacon-Fett, auf Raumtemperatur
60 ml (85g) Melasse oder dunkler Zuckerrübensirup
1 Ei
1 TL Vanille-Extrakt

Zubereitung

1. 230 g Mehl, 200 g Zucker, Salz, Natron und Gewürze in den Behälter einer Küchenmaschine geben und alles gut durchmischen.
2. Alle restlichen Zutaten mit in den Behälter geben und von der Maschine zu einem glatten Teig verarbeiten lassen. Dieser sollte steif und formbar sein. Sollte der Teig noch zu weich sein, mehr Mehl zufügen, bis die erwünschte Konsistenz erreicht ist. Den Teig in eine Schüssel geben, mit Folie bedecken und für ein paar Stunden oder über Nacht kühl stellen.
3. Den Ofen auf 180 Grad vorheizen und 2 Bleche mit Backpapier auslegen. Restlichen Zucker in eine kleine Schüssel geben.
4. Aus jeweils einem gehäuften TL Teig eine Kugel formen. Teigkugel in dem Zucker rollen und je nach Blechgröße ca. 10 bis 12 Kugeln mit ausreichend Abstand auf dem Blech platzieren. Die Kugeln schmelzen beim Backen und formen perfekte, runde Cookies.
5. Gingersnap Cookies ca. 12 Minuten backen, bis diese schön gebräunt sind und Risse auf der Oberfläche sichtbar werden. Restlichen Teig einstweilen kühl stellen oder schon die nächsten Bleche vorbereiten. Kekse aus dem Ofen nehmen und komplett abkühlen lassen.

Butter Tarts

Für 12 Stück

Zutaten

40 g Rosinen oder Cranberries
100 ml Rum oder Orangensaft
½ Rezept Pie Teig (S. 133)
100 g brauner Zucker
65 ml Ahornsirup
60 ml Zuckerrübensirup (oder mehr Ahornsirup)
70 g Butter
1 Ei
½ TL Essig
1,5 TL Vanilleextrakt
1 große Prise Salz
6 TL gehackte Nüsse (Pekannüsse, Walnüsse oder Pistazien)

Außerdem:
Muffinblech oder Mini-Tarte-Formen

Tipp: Die Tarts am besten noch leicht warm aus den Formen nehmen. Wartet man zu lange, riskiert man, dass sie am Boden festkleben.

Zubereitung

1. Trockenfrüchte in einer Schüssel mit Rum oder Orangensaft bedecken und für 6 Stunden oder über Nacht ziehen lassen. Danach abtropfen lassen.
2. Den Teig ca. 3 mm dünn ausrollen und mit einem runden Ausstecher oder einem Glas entsprechend der Größe der Förmchen Kreise ausstechen. Die Förmchen mit dem Teig auslegen und mit der Gabel ein paarmal in Böden und Ränder einstechen. Formen im Gefrierfach kühl stellen.
3. Ein Blech in das untere Drittel des Rohres schieben und den Ofen auf 180 Grad vorheizen.
4. Sobald der Ofen heiß ist, die gekühlten Teig-Schälchen aus dem Gefrierfach nehmen. Ein Stück Alufolie in jede Mulde drücken und diese mit Zucker, ungekochtem Reis oder getrockneten Hülsenfrüchten füllen. Teig 15 Minuten blind backen, aus dem Ofen nehmen, die Alufolie samt Gewichten entfernen und Törtchen weitere 10 Minuten backen, bis sie leicht gebräunt sind. Aus dem Ofen nehmen und abkühlen lassen.
5. Den Ofen auf 180 Grad vorheizen.
6. Für die Füllung Zucker, Ahorn- und Zuckerrübensirup in einem kleinen Topf unter Rühren erhitzen, bis der Zucker sich löst. Die Mischung sollte nicht kochen. Topf vom Herd nehmen und Butter einrühren, bis komplett geschmolzen.
7. In einer mittelgroßen Schüssel das Ei mit Essig, Vanille und Salz verrühren. Ein paar EL der heißen Sirup-Mischung in die Ei-Mischung rühren, dann den Rest des Sirups unter Rühren zum Ei geben und alles zu einer glatten, dickflüssigen Füllung verrühren.
8. Etwas Mehl auf den Böden der vorgebackenen Tarts verstäuben und je etwa 4 Rosinen und/oder ½ TL Nüsse auf den Böden verteilen. Die Sirup-Mischung vorsichtig in die Tarts füllen, ohne diese zu voll zu machen. Es sollte ein Rand des Teiges zu sehen sein.
9. Die Butter Tarts 10-12 Minuten backen, dann die Temperatur auf 165 Grad reduzieren und weitere 5-7 Minuten backen. Tarts aus dem Ofen nehmen, etwas abkühlen lassen und aus den Förmchen nehmen. Butter Tarts noch lauwarm servieren.

Über die Beschaffenheit einer perfekten Butter Tart und vor allem über die Frage, ob diese mit oder ohne Rosinen daherkommen sollte, kommen die sonst so friedliebenden Kanadier in erstaunlich erhitzte Diskussionen. In einem ist man sich einig: Zu Weihnachten sind sie ein Muss! Wir essen die kleinen Butter-Törtchen am liebsten mit noch leicht flüssigem Kern, gefüllt mit Rum-Rosinen und Nüssen.

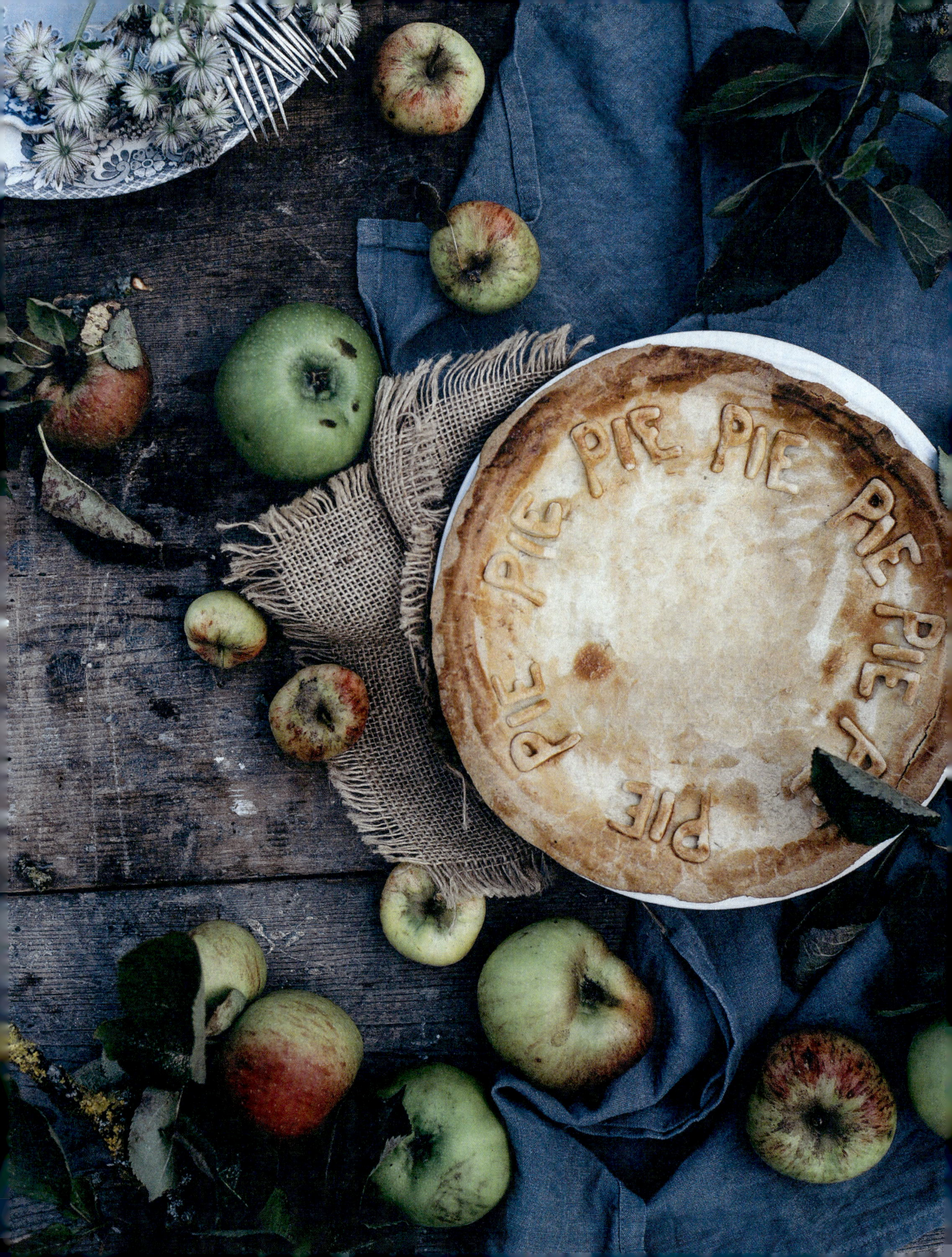
PIE PIE PIE PIE PIE PIE PIE PIE

Pie – Grundrezept

Für einen Doppel-Krusten-Pie

Zutaten

300 g Mehl
1 EL Zucker
1 ½ TL Salz
230 g Butter, gewürfelt und gefroren
180 ml eiskaltes Wasser
1 EL Essig

Tipp: Der Pie-Teig hält sich im Kühlschrank ca. 3 Tage, im Gefrierfach in etwa 3 Monate. Gefrorener Teig kann über Nacht im Kühlschrank aufgetaut werden.

Zubereitung

1. Mehl, Zucker und Salz in einer großen Schüssel mischen. Butter mit einer groben Küchenreibe auf die Mehlmischung reiben und rasch mit den Fingern ins Mehl einarbeiten, bis die Butterstücke etwa erbsengroß sind.
2. 120 ml Wasser und Essig mischen, zum Mehl geben und alles mit einer Silikonspachtel vermischen. Nun esslöffelweise mehr Wasser zugeben, bis der Teig gerade so zusammenkommt.
3. Die Mischung auf die bemehlte Arbeitsfläche geben und ein paarmal durchkneten, bis eine Teigkugel entsteht. Kugel halbieren, jede Hälfte zu einer Scheibe formen und diese in Frischhaltefolie gewickelt für mindestens 2 Stunden in den Kühlschrank geben.
4. Teig etwa 10 Minuten vor dem Ausrollen aus dem Kühlschrank nehmen, damit er etwas aufwärmt. Auf einer bemehlten Arbeitsfläche von innen nach außen gleichmäßig zu einem Kreis (32 cm Durchmesser) ausrollen und in die Pie-Form geben. Teig mit der Gabel mehrfach einstechen und nochmal gut im Kühlschrank oder im Gefrierfach kühlen, bevor die Füllung hinzukommt.

Anleitung zum Blindbacken:
1. Ofen dazu auf 175 Grad vorheizen.
2. Den Teig ausrollen und in die Form geben. Die Ränder versiegeln, den Teig mehrfach mit der Gabel einstechen und die Form ca. 15 Minuten ins Gefrierfach geben.
3. Die gut gekühlte Form nun einfach mit Alufolie auslegen und bis zum Rand mit Zucker, ungekochten Bohnen oder Reis füllen und ca. 50 bis 55 Minuten backen. Die Form eventuell nach der Hälfte der Backzeit einmal drehen, für den Fall, dass der Ofen nicht gleichmäßig heizt.
4. Backpapier mit den Gewichten entfernen und Pie auskühlen lassen.

Rezeptverzeichnis

Apple Cider Crullers 105

Bacon Jam 88
Baked Beans 63
Biberschwänze 57
Bier-Käse-Suppe mit Bacon 116
Blaubeer Pierogi mit
Zitronenthymian 66
Blueberry Grunt 76
Brandy Kirsch Brownies 72
Buttermilch Pie mit
Rhabarber-Geheimnis 47
Butter Tarts 134

Canadian Carrot Cake 44
Caribou 115
Cheddar Apple Crisp 85
Cowboy Griddle Cakes 53
Cranberry Vanilla Curd 110

Dattel-Streusel-Schnitten 48
Double Corn Muffins 116

Eggs Benny mit Espresso-Hollandaise 25
Eiswein-Zabaione mit frischen Erdbeeren 79

Forellenfilet mit Pekannusskruste &
Zitrus-Rosmarin-Soße 69
Fried Oatmeal mit Chai-Gewürz,
griechischem Joghurt & Cranberry-Curd 113

Gefüllter Eichelkürbis mit Wildreis,
Kirschen und Pekannüssen 100
Ginger Ale Pulled Pork mit Erdbeer Salsa 38
Ginger Beef 58
Granny's Rhubarb Chicken 40

Halifax-Döner 30

Jakobsmuscheln mit Bacon, Eiswein-
Vanille-Beurre blanc & Erbsenpüree 28

Kanadische Erbsensuppe „Pig & Pea" 90
Kanadische Weihnachtssternchen 115
Kartoffelsalat mit warmer
Bacon Vinaigrette 127

Lachsfilet mit brauner
Zuckerkruste & Pistazien 26

Lemon Cloud Pancakes mit Blaubeersirup 22
Lobster Mac and Cheese 95
Lumberjack Granola 54

Maple Brined Pork Chops 97

Mapleccino 82
Mapleccino Fudge 82
Maple Cream Cookies 71
Maple Roast Chicken mit Maisbrotfüllung 98
Montreal Bagels 118
Montreal-Steak-Spice 125

Nova Scotia Fish Cakes 32

Ojibwa Rice Pudding 102
Okanagan-Summer-Sangria 73

Peanut Butter & Pretzel Nanaimo Bars 130
Pie-Grundrezept 137
Pierogi Grundrezept 65
Pink Flapper Pie 75
Prairie Pierogi mit Kartoffel-
Bacon-Cheddar Füllung 66
Prime Rib -
Hochrippe mit Montreal Steak Spice 125

Pumpkin Pie Buns mit Salzkaramellguss 106

Raincoast Cracker 87
Rauchige BBQ Ribs aus dem Ofen 61
Rhabarber-Chutney 33
Rocky Mountain Oatmeal Cookies 43

Santa's Fat Gingersnaps 133
Saskatchewan Lentil Salad 41
Schweinefilet mit Ahornsirup
& Dijon-Senf-Soße 35
Sirloin-Steak-Salat mit Äpfeln,
Pekannüssen und Himbeerdressing 92
Sugar Pie (Tarte au Sucre) 129
Sugar Shack Chicken 37

Topfbrot mit Bacon 91
Tourtiere - weihnachtliche Fleischpastete aus Quebec 128

Veggie - Poutine mit Pilzsoße 121

Wildbeeren Salat mit Cheddar, Mais & Maple-Leaf-Dressing 64
Wildschwein Meatballs mit Cranberry-Soße 122

Bildnachweis
Alle Rezeptbilder: Copyright© 2018 Ulrike (Kiki) Johnson
Landschaftsaufnahmen: S. 3, S.4, S.9 -21, S.33, S.36, S. 50-51, S. 80-81, S.108-109, S. 114, S. 136 : pixabay.com Creative Commons Public Domaine

Besuchen Sie Kiki Johnson's Foodblog
www.cinnamonandcoriander.com
für mehr Rezepte.

Printed by BoD in Norderstedt, Germany